Mein Tagebuch

Meine Geheimnisse. Meine Träume.

Bath · New York · Cologne · Melbourne · Delhi
Hong Kong · Shenzhen · Singapore · Amsterdam

Die deutsche Ausgabe erscheint bei

Parragon Books Ltd
Chartist House
15–17 Trim Street
Bath BA1 1HA, UK
www.parragon.com

Realisation der deutschen Ausgabe: trans texas publishing services GmbH, Köln
Übersetzung: Kathrin Jurgenowski, Köln
Lektorat: Ulrike Reinen, Köln

ISBN 978-1-4723-5964-3
Printed in China

Inhalt

Ich bin fast sechzehn und lebe bei meinem Vater,
den ich sehr verehre.
Ich habe braune Augen und braunes Haar,
eine Menge Fragen und wenig Antworten.
Geboren bin ich in Buenos Aires, aber gelebt
habe ich immer woanders, mal hier, mal dort.
Ich will die Welt kennenlernen. Meine Träume
und Geheimnisse notiere ich in meinem Tagebuch.

Ich heiße

Violetta.

Und das bin ich.

Kapitel 1

Ein neuer Anfang

Wir sind unterwegs. Mal wieder.

Papa ist Umweltingenieur und muss oft reisen. Ich begleite ihn. Gerade sind wir am Flughafen. Wir ziehen um, zum x-ten Mal.

Er hat beschlossen, dass wir zurück nach Buenos Aires gehen. Ich bin ein bisschen traurig, dass ich Madrid verlassen muss. Hier haben wir die letzten Jahre gelebt. Aber ich bin auch neugierig.

Anders als sonst freue ich mich diesmal richtig auf unser neues Zuhause, denn ich kehre in meine Geburtsstadt zurück. Meine Mutter war hier zu Hause. Sie ist gestorben, als ich fünf war. Ich habe nicht viele Erinnerungen an sie, aber wenn ich mich allein fühle, dann denke ich an das wenige, das ich noch weiß. Heute fühle ich mich allein.

Meine Mutter! Ihr warmes, strahlendes Lächeln, wenn sie von einer Tournee nach Hause kam.

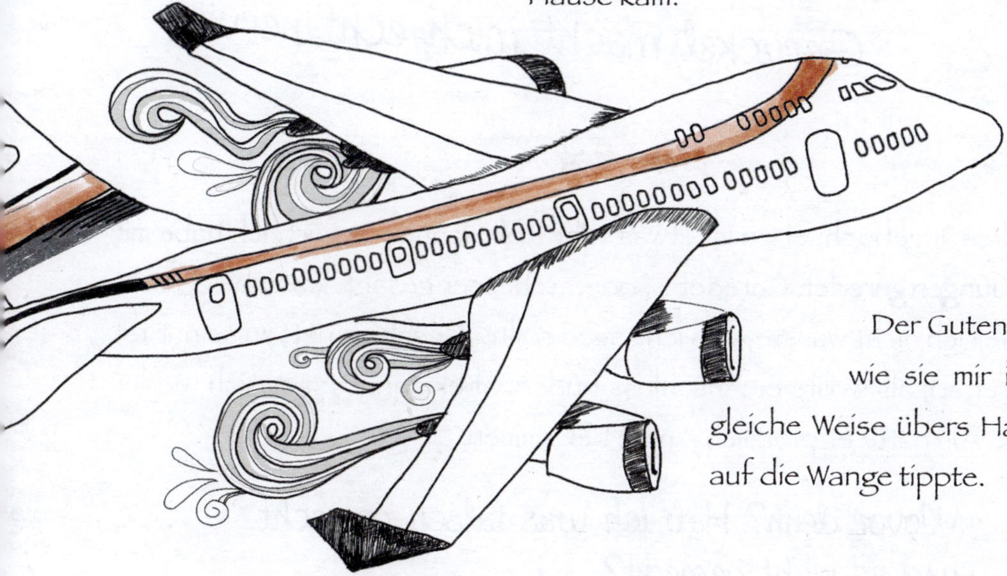

Der Gutenachtkuss und wie sie mir immer auf die gleiche Weise übers Haar strich und auf die Wange tippte.

Ihre weiche, süße Stimme, der man die vielen Jahre Unterricht und Training anhörte. Und ich erinnere mich an: *„Vilu, hast du dir die Zähne geputzt?"* Jetzt, wo ich daran denke: Ihre Stimme war nicht immer weich und süß …

Ups! Das Geräusch der Flugzeugmotoren hat mich zurück in die Wirklichkeit gebracht. Wir sind soeben gestartet, und ich schreibe, um mich davon abzulenken, dass wir Tausende von Metern über der Erde sind. Schreib, schreib, schreib … nein, warte, stopp …

Ich habe Flugangst, und dieses ganze Geruckel macht mich echt nervös!

Liebes Tagebuch, eben ist etwas sehr Komisches passiert. **Ich habe mit einem Jungen geredet.** Geredet … oder … besser gesagt, ich habe gestottert. Weil ich nicht wusste, was ich sagen sollte. Er schien nett zu sein. Erst wirkte er so, als wollte er Anschluss finden, aber dann zog er sich wieder zurück. Als hätte er plötzlich Angst bekommen.

Wovor denn? Hab ich was falsch gemacht und es nicht gemerkt?

Das werde ich heute bestimmt nicht mehr herausfinden. Aber eins weiß ich: Jungen sind schwer zu verstehen. Manchmal frage ich mich, ob mir das je gelingen wird und ob … ich jemals einen Freund haben werde. Hilfe … Was ist das für ein Geräusch?

Oh Gott!!!

Na ja, trotz der schrecklichen Geräusche sind wir in Buenos Aires gelandet. Das ist die schönste Stadt der Welt. Wenn Papa mal ein bisschen länger bliebe, könnte ich mich vielleicht endlich zu Hause fühlen.

Warum versteht er nicht, dass es echt schwer für mich ist, ständig umzuziehen?

In den letzten Jahren habe ich viele sehr nette Menschen kennengelernt. Nur schade, dass das alles Erwachsene waren, Freunde meines Vaters. Und schade, dass ich nicht die Zeit hatte, mir ihre Namen zu merken. Wie oft habe ich Giulio „Alessio", Alessio „Giovanni" und Giovanni „Luca" genannt? Peinlich. Aber sie alle gehörten nicht wirklich zu meinem Leben.

Also, Violetta, wie viele Freunde hast du?

Nicht viele. Vielleicht keine. Wenn man öfter umzieht, als man die Kleidung wechselt, halten Freundschaften nicht lange. **Als ich acht war, bin ich eine Weile mit einem Mädchen befreundet gewesen.** Sie war die Tochter eines Kollegen von Papa. An langen Herbstnachmittagen, wenn die Erwachsenen zusammensaßen und über Budgets, Projekte und Termine redeten, tranken wir Tee mit unseren Puppen. Zu viert saßen wir an dem kleinen Tisch in meinem Zimmer: ich, Ines (meine Freundin), Bussi (meine Puppe) und Bea (die Freundin meiner Puppe). Wir taten so, als säßen wir in einem Café. Aber dann ist Ines auch weggezogen, und mir sind nur noch ein paar Fotos übrig geblieben. Und auf denen kann ich mich nicht ausstehen. Deshalb schaue ich sie mir nie an. :(

FREUNDE

☆ ★ ★ ☆

Heute bin ich endlich angekommen, in meinem alten Zuhause. Ich habe so viele Jahre im Ausland gewohnt, aber ich fühle mich, als wäre ich nie weg gewesen. Das Wohnzimmer mit den weißen Sofas, der Innenhof, die Vorhänge, die auch weiß sind, der Tisch, an dem ich meine ersten Puzzles gelegt habe … Ich erinnere mich an alles, als wäre es gestern gewesen.

Und dann ist da Olga, meine Olga!

Als ich sie gesehen habe, hat mein Herz vor Freude gehüpft. Im ganzen Haus duftet es nach ihren Speisen.

Olga, Olga, Olga: Wie ich dich (und deinen Schokoladenkuchen) all die Jahre vermisst habe!
DU BIST DIE BESTE HAUSHÄLTERIN DER WELT!

☆ ★ ★ ☆

Ich weiß, ich weiß, er macht es nicht absichtlich. Aber das ändert auch nichts.

Papa hört mir einfach nicht zu.

Es geht wieder um meinen Geburtstag.

Ich hoffe wirklich, dass ich mich verhört habe. Aber ich glaube nicht. Er will eine Party zu meinem sechzehnten Geburtstag organisieren, mit seiner neuen Freundin, Jade.

Er sagt dauernd, dass Jade das für mich macht.

**Für mich? Ich will keine Party.
Ich kenne doch niemanden hier!**

UND VOR ALLEM KENNT JADE MICH NICHT.

Sonst wüsste sie längst, dass ich nicht gern von ihr umarmt werde. Und dass ich es hasse, wenn sie so viel und so schnell redet. Ich kriege Kopfweh davon, wie sie dann mit ihren Händen wedelt. Und ihr Parfüm ist viel zu „parfümig" …

… und ich will keine Party!

Außerdem weiß ich gar nicht, was ich anziehen soll. Ich habe viele Klamotten, aber die sind alle nicht festlich genug. Wenn Jade eine Party organisiert, selbst wenn die nur in unserem Wohnzimmer stattfindet, muss ich bestimmt ein Abendkleid anziehen. Ich in einem eleganten Kleid? Leider kriege ich das Bild nicht aus meinem Kopf: **Violetta im Abendkleid ≈ Violetta als Baiser.** Oder noch schlimmer: Violetta ≈ Jade.

OH MANN ... JADE!

Ich hoffe, ich bin mit 30 anders als sie.

Größere Augen und einen größeren Mund hab ich noch
nie gesehen, und sie redet nur überflüssiges Zeug.

Vielleicht habe ich es noch nicht geschrieben, aber sie wohnt schon bei uns.
Sie hat ein eigenes Zimmer. Wie hält Papa es nur mit so einer aus?

HEUTE HAT MEINE PRIVATLEHRERIN
GEKÜNDIGT!

GOTT SEI DANK, SIE WAR NÄMLICH ZU STRENG!

„Violetta, iss nicht so schnell! Steh nicht so spät auf! Sieh nicht so viel fern,
kau nicht auf den Nägeln, lass die Schuhe nicht unter dem Sofa herumliegen,
stell die Getränke nicht auf den Boden und räum deine Bücher auf. Lach nicht
so laut, wirf dich deinem Vater nicht so in die Arme, wenn er heimkommt, schreibe
deutlicher!"

Zusammengefasst:

Violetta, hör auf zu leben.

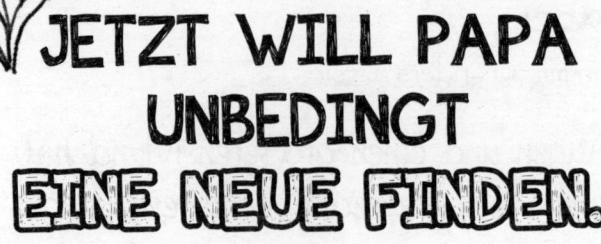

JETZT WILL PAPA UNBEDINGT EINE NEUE FINDEN.

Hoffen wir, dass die netter ist … Aber viel Hoffnung habe ich nicht, denn die letzten waren alle so.

Aber ich will optimistisch sein. Vielleicht leben in dieser wunderbaren Stadt ja nur wunderbare Menschen. Bisher schien es jedenfalls so. Die Männer in der Passkontrolle haben uns so nett angelächelt, dass mir ganz warm ums Herz wurde. Der Barkeeper war offen und fröhlich, der Taxifahrer höflich und zuvorkommend. Ich würde sagen, das sind alles gute Anzeichen.

Seit meiner Kindheit bin ich **von Privatlehrern unterrichtet worden.**

Um es klarzustellen: ES IST NICHT NUR SCHLECHT.

Ich kann meinen Stundenplan selber gestalten, entscheiden, an welchem Tag ich welches Fach lernen will und so. Natürlich muss ich den Lehrplan für jedes Jahr einhalten, denn die Lehrer, die Papa auswählt, sind normalerweise ziemlich streng und lassen sich nicht ablenken (leider).

Ich würde aber in Zukunft gern zur
Schule gehen, dann hätte ich Mitschü-
ler, mit denen ich in der Pause rumalbern
und später wegen der Hausaufgaben telefonieren könnte. Die Sachen halt, die Mädels in meinem
Alter machen. So stelle ich mir das jedenfalls vor.

FRAGEN, DIE ICH MEINEN SCHULFREUNDEN
STELLEN KÖNNTE.
Einfache Fragen, Tipps, Ideen.

„Hi, ich hab die Aufgaben nicht mitgeschrieben. Was haben wir auf?"

„Hi, sind wir morgen in der Turnhalle? Muss ich meine Sportsachen
mitbringen?"

„Hi, hast du schon die Französischaufgaben gemacht? Ich verstehe den
letzten Satz nicht."

„Hi, kann ich bei dir abschreiben?"

Hi, hast du Lust, mit mir zu lernen?

Oh, das klingt gut, finde ich!
Das würde ich gern eines Tages einer
richtigen Freundin sagen.

Das Lernen und Aufgabenlösen fällt mir nicht schwer. Ich lerne gern, ich lese gern, und vor allem schreibe ich gern.

Ich hab die Angewohnheit, alles vollzuschreiben, das ich in die Finger kriege: eine leere Müslipackung, Papierservietten (als ich klein war, auch Stoffservietten), Buchumschläge, Olgas Einkaufsliste, Papas Kalender und natürlich dieses Tagebuch.

ICH FÜLL AUCH GERN HEFTE AUS.

Es ist mir ziemlich egal, ob ich meine Gedanken aufschreibe oder ob ich über Erdkunde, Geschichte oder Literatur schreibe: Ich erarbeite immer alles selbst, und die Ergebnisse stellen mich sehr zufrieden.

UND ZUGEGEBENERMASSEN ...

Ich liebe meine Handschrift.

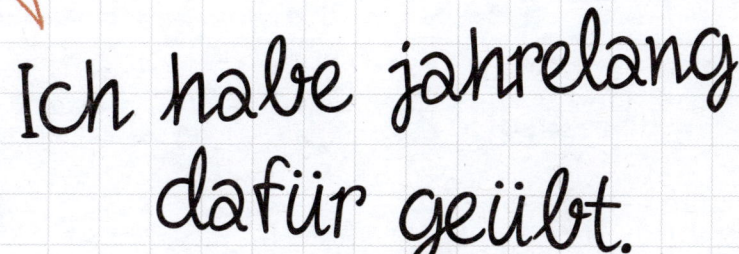

Ich habe jahrelang dafür geübt.

Einmal hatte ich eine Lehrerin, die extrem auf die Handschrift geachtet hat. Sie hieß Rosa. Ich musste ganze Seiten nur mit Buchstaben füllen.

Seitenweise Langeweile.

Und ROSA war auch langweilig ... Und ehrlich gesagt war sie nicht mal die Langweiligste von allen. Ich mochte ihren Duft: Sie sagte, sie benutze eins von diesen französischen Parfüms, die keiner mehr kauft, aber ich habe immer noch den Verdacht, dass sie einfach mit bündelweise getrocknetem Lavendel unter dem Kopfkissen geschlafen hat.

Da ich jetzt schon beim Thema Lehrerinnen bin: Ich hatte mal eine mit einem Karottentick. Sie hieß Maria und war wahrscheinlich die Garstigste von allen. Wenn es nach ihr gegangen wäre, hätte ich schon zum Frühstück Karotten gegessen! Sie sagte immer: „Die stecken voller Vitamine, sie sind gut für dich, und wenn der Körper gesund ist, arbeitet das Hirn besser." Mag sein. Mein Hirn funktioniert aber besser mit Milch und Keksen, glaub ich.

Kapitel 2

Besondere Begegnungen

TOMÁS

Ich habe einen Jungen kennengelernt!

Er sieht super aus. Er hat sanfte, dunkle Augen und … er hat mich gerettet! **Wie ein Märchenprinz.**

Okay, vielleicht übertreibe ich jetzt. Aber ohne ihn und seine schnelle Reaktion wäre ich heute richtig schön in den Schlamm geplumpst, hätte mich blamiert und mir dazu noch den Rücken verletzt.

Der Tag hatte schon schlecht angefangen. Ich bin durch den Regen gerannt, denn ich habe mich mal wieder mit meinem Vater gestritten, der mir (wie immer) nicht richtig zugehört hat. Da bin ich weggelaufen, um einen klaren Kopf zu bekommen und meine Wut abzukühlen.

Und prompt im Schlamm ausgerutscht!

Ich wäre hingefallen … wenn mein Prinz nicht genau zur rechten Zeit aufgetaucht wäre! Er hat mich an den Armen festgehalten, damit ich nicht hinfalle. Und unsere Blicke trafen sich …

UND DAS IST ALLES.

Dann … Ich weiß nicht warum, aber mein Herz schlug so wild, und ich konnte nicht stehen bleiben. Ich bin abgehauen. Weggelaufen.

Weglaufen ist wohl
DAS MOTTO DES TAGES.

Er kennt nicht mal meinen Namen. Aber ich kenne seinen, denn den hat er mir gesagt, bevor ich weggerannt bin. Tomas.

Tomas, Tomas, Tomas!

Das ist der schönste Name der Welt. So schön wie er, wie seine dunklen Augen, seine warme Stimme, seine starken Arme.

Ich hätte nie gedacht, dass so viele gute Sachen in nur einer Person vereint sein können. Schon gar nicht in einem Jungen! :)))

Liebes Tagebuch, heute Nacht habe ich von ihm geträumt! Ich habe von Tomas geträumt. Ich war eine Prinzessin, gefangen in einem Schloss. Er kam auf einem weißen Pferd angeritten, genau rechtzeitig, um mich vor einem Drachen zu retten. Aber es war kein Feuer speiender Drache, sondern er spie Wasser (wahrscheinlich, weil es gestern so viel geregnet hat)!

Ich sah ihn schon von fern, stolz und schön.
Er stieg ab und nahm mich in die Arme.
Und er wollte etwas sagen!

Dann begann der Drache zu singen, und wir wurden abgelenkt. Ich öffnete die Augen. Das war kein Drache, sondern mein Wecker! Puh …

ALLES SCHIEN SO WIRKLICH!

ALS ICH KLEIN WAR, TRÄUMTE ICH VIEL.

Heute viel weniger. Oder besser gesagt, heute träume ich sehr wenig im Schlaf, denn ich bin eine Tagträumerin.

Denn wenn man nicht mehr träumt, sich nicht die Zukunft ausmalt, sich nach etwas sehnt, dann ist man tot.

Und besonders heute

FÜHLE ICH MICH LEBENDIGER ALS JE ZUVOR!

Ich frage mich, ob Papa, der immer so auf mich aufpasst, mir erlauben würde, Tomas wiederzusehen. Ich bin mir ziemlich sicher, dass er ihn als Bedrohung ansehen würde. Ich habe mich noch nie getraut, das Thema Jungs anzusprechen.

Ich bin sicher, dass Papa mich noch zu jung für so was findet. Wahrscheinlich hat er sogar recht, wenn man bedenkt, dass ich Tomas gegenüber kein Wort rausgekriegt habe, sondern einfach davongelaufen bin und ihn stehen gelassen habe!

☆★★★☆

Heute ist wirklich ein wunderbarer Tag! Meine neue Lehrerin ist angekommen. Sie heißt  Angie – kaum zu glauben, aber wahr: Ich mag sie!

Endlich eine auf meiner Wellenlänge.

Ich kann mit ihr lachen und reden. Ich muss zugeben, dass Papa mich diesmal überrascht hat. Ich glaube, er hat eine gute Wahl getroffen, und ich freue mich, OBWOHL ICH NICHT ZUR SCHULE GEHEN DARF. Mein Vater hat erklärt: „Nein, Violetta, du kannst nicht in die Schule, wir reisen zu viel. Es ist viel besser, wenn deine Lehrerin mit dir reist", und so weiter, bla, bla, bla …

Aber der Unterricht bei Angie wird vielleicht gar nicht so schlecht sein. Ja, ich denke, ich werde ihr eine Chance geben (nicht, dass ich wirklich eine Wahl hätte!).

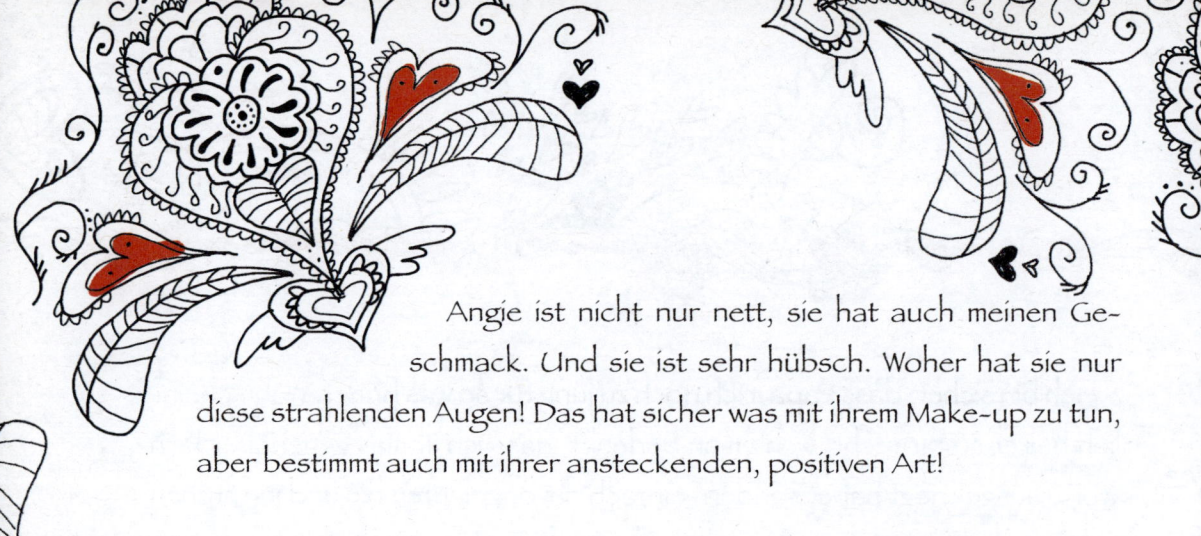

Angie ist nicht nur nett, sie hat auch meinen Geschmack. Und sie ist sehr hübsch. Woher hat sie nur
diese strahlenden Augen! Das hat sicher was mit ihrem Make-up zu tun,
aber bestimmt auch mit ihrer ansteckenden, positiven Art!

Als sie ankam, hat sie Papa gefragt,
ob wir eine Weile allein sein dürften,
damit wir uns besser kennenlernen können.
Wir haben uns stundenlang unterhalten,
über Schulfächer, Musik und
Bücher – und sogar direkt
ein paar Bücher ausgetauscht.

Mir gefällt, dass sie mir direkt in die Augen schaut. Obwohl sie mich nicht
sehr gut kennt, habe ich das Gefühl, dass ich ihr wichtig bin, und meine
Zukunft auch. Sie ist die jüngste Lehrerin, die ich je hatte. Aber trotzdem
fühle ich mich sehr aufgehoben bei ihr, als könnten wir gemeinsam bis …

ANS ENDE DER WELT GEHEN.

28

Aber Angie ist auch ziemlich selbstbewusst. Sie sagt immer ÜBERZEUGT IHRE MEINUNG und verteidigt sie.

Ich hoffe, sie hat uns nicht bald satt, mich, Papa und Jade. Auch wenn es von außen vielleicht nicht so wirkt, sind wir eine sehr komplizierte Familie.

ICH HAB WAS VERGESSEN:

Angie mag keine Karotten. Damit steht sie ziemlich weit oben auf meiner Liste der Lieblingslehrerinnen!

Kapitel 3

Nichts ist,
wie es scheint

Ta-daa!
Das Warten hat ein Ende!

Heute ist mein Geburtstag.

ICH BIN 16, SIXTEEN, DIECISÉIZ, SEIZE!

Heute Morgen hätte ich mich eigentlich freuen sollen. Aber ich bin ein bisschen traurig aufgewacht. **Das liegt wahrscheinlich daran, dass ich Papa gestern endlich erklären konnte, warum ich meinen Geburtstag nicht feiern will.**

Ich kenne hier in Buenos Aires doch keinen, und außerdem will ich die Party nicht, die Jade für mich organisiert hat. Aber es gibt noch einen wichtigeren Grund. Ich habe lange gebraucht, um das zu merken. In manchen Dingen bin ich echt langsam. :(

Ich hab tagelang aus dem Fenster gestarrt und darüber nachgedacht.

Nachgedacht, während der Regen an die Scheibe prasselte und die Bäume im Wind rauschten.

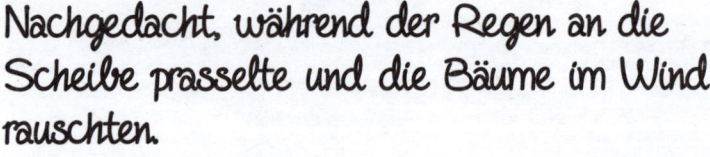

Ich habe überlegt, was ich Papa sagen soll. Vogelschwärme flogen hin und her, auf der Suche nach Schutz vor dem Sturm. Ich habe sogar vor dem Spiegel geübt, denn es fiel mir wirklich schwer, es vor jemandem zuzugeben.

Das eigentliche Problem ist, dass ich meine Mutter so vermisse.

Leider kann sie nicht hier sein. Sie ist nicht hier, und deshalb will ich keine Party. Papa ist sehr traurig geworden, als ich ihm das gesagt habe, aber schließlich hat er es verstanden. Und das Verrückte ist: Nachdem ich es ihm erklärt hatte, war ich einverstanden, dass Jade eine Party organisiert.

ES IST UNGLAUBLICH, ABER MANCHMAL MUSS MAN
NUR LAUT SAGEN, WAS EINEN BELASTET,
UND SOFORT WIRD ALLES LEICHTER.

Ich musste noch ein Kleid besorgen, denn das Baiser-Ding, das Jade ein paar Tage zuvor gekauft hatte, war leider … äh … verschwunden. Aber damit eins klar ist: Es war ein Unfall! Weder ich noch Angie (die gerade in meinem Zimmer war, um das Kleid mit mir zu „bewundern") hatten etwas mit dem mysteriösen Verschwinden zu tun …

Jedenfalls war ich aufgeschmissen wie Aschenputtel – ich brauchte ein Kleid für den Ball! Und genau in dem Augenblick habe **ich ein wahnsinnig tolles Geschenk gekriegt.** Es hat mich derart aufgewühlt ... mein Herz hat so geklopft, dass ich dachte, ich sterbe.

Ich habe ein altes Kleid von Mama gefunden!

Es ist pink. Ich habe es sofort wiedererkannt: Sie trägt es auf dem Foto, das ich immer zwischen deinen Seiten aufbewahre, liebes Tagebuch! Da lag es plötzlich, auf meinem Bett. Ich habe keine Ahnung, wie es dorthin kam ... Aber es ist so wunderbar, es tragen zu können. Ich war echt glücklich. Ich habe es angezogen und bin runter ins Wohnzimmer gegangen. Alle drehten sich um und schauten mich an. Ich hab mich sogar darüber gefreut, wie Jade sich bemüht hat, alles perfekt zu machen. Musik, Fingerfood, Kuchen. Die Party war toll. Happy birthday to me!

Heute sah ich
TOMAS

Er kam zu uns nach Hause und brachte Jades Bruder Matias, der oft bei uns ist, eine Mittagessenbestellung. Oh, vielleicht habe ich es dir noch nicht erzählt: Tomas arbeitet als Lieferjunge für eine Bar. Er liefert unter anderem Essen aus. Er war sehr süß, aber er dachte, ich hieße Olga und sei die Tochter der Haushälterin ...

Und wieder hab ich es nicht geschafft, ihm zu sagen, wie ich heiße und wer ich wirklich bin.

Ich hab mich so gefreut, ihn wiederzusehen ...bis ich ein paar Stunden später aus dem Haus ging und ihn ... mit seiner Freundin gesehen habe! Also werde ich heute keine Herzen malen, höchstens ein gebrochenes – meins!

Ich fühle mich schrecklich. Sie ist total attraktiv und superelegant und hat lange blonde Haare. Nicht wie ich! Okay, Schluss damit, das Tomas-Kapitel ist abgeschlossen. Ich sollte über was anderes nachdenken. (Leichter gesagt als getan, aber ich versuch's!)

INZWISCHEN HABE ICH AUCH EINE SCHULE GESEHEN, DIE MIR RICHTIG GUT GEFÄLLT

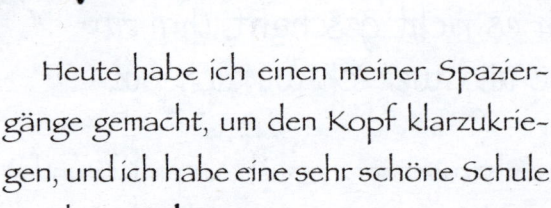

Heute habe ich einen meiner Spazier-
gänge gemacht, um den Kopf klarzukrie-
gen, und ich habe eine sehr schöne Schule
gesehen! **Sie heißt**

Studio 21

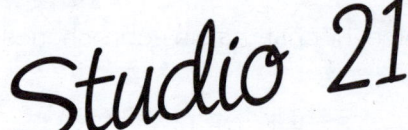

Die Atmosphäre war toll!

Wenn ich zur Schule gehen könnte, statt eine Privatlehrerin zu haben,
würde ich gern dorthin gehen. Vielleicht traue ich mich demnächst, Papa zu
fragen, ob ich darf.

Aber heute haben wir uns wieder gestritten,
daher warte ich lieber, bis wir uns wieder vertragen.

Ich sollte ihn wirklich fragen. Ich hätte gern Lehrer, mit denen ich mich gut
verstehe. Und ich fände es sogar aufregend (oder eher beängstigend?),
vor anderen geprüft zu werden oder auf den Pausengong zu warten; mit
meinen Freundinnen zur Schule zu gehen; einem Klassenkameraden zu helfen, der eine Antwort nicht weiß, oder unter dem Tisch einen Zettel mit der
richtigen Antwort zu erhalten, wenn ich nicht vorbereitet bin.

Ich bin total fertig. Angie hat gelogen. Sie wurde gar nicht von der Agentur geschickt, die die Privatlehrer auswählt. Papa hat es herausgefunden. Ich kann es kaum glauben!

Ich verstehe nicht, warum sie das getan hat. Sie wirkte so ehrlich. **Jeder lügt mal,** ich auf jeden Fall. Ich mache das, wenn ich Angst vor Strafe habe. Als ich zum Beispiel einen wirklich teuren Haarreif aus Silber verloren habe. Ich hatte ihn mir sehnlichst gewünscht, und Papa hatte alles drangesetzt, ihn zu besorgen, aber nachdem ich ihn zwei Stunden getragen hatte, war er wie vom Erdboden verschluckt! Ich hab ihm dann erzählt, er wäre geklaut worden, aber Papa hat mir nicht geglaubt, und ich hatte zwei Tage lang Hausarrest (wegen der Lüge, nicht wegen des Haarreifs).

PAPA HASST LÜGEN, UND DARUM HAT ER ANGIE ENTLASSEN.

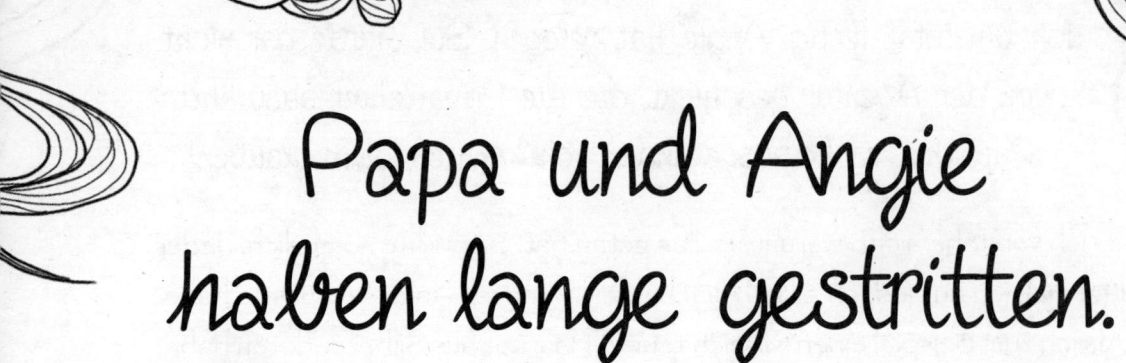

Papa und Angie haben lange gestritten.

Ich habe an der Tür gelauscht und war todtraurig bei dem Gedanken, dass sie weggehen wird.

Danach habe ich Papa gebeten **(OKAY, ANGEFLEHT)**, noch einmal mit ihr zu reden. Wenn Angie gelogen hat, dann muss es dafür einen Grund geben, da bin ich mir sicher. Ich will, dass sie zurückkommt. Wirklich. Mit ihr ist alles so leicht, ich fühle mich richtig wohl mit ihr.

Ich hoffe, dass Papa ihr verzeiht.

Angie, ich vermisse dich!

PS: Um den Tag perfekt zu machen: Ich kann immer noch nicht aufhören, an Tomas zu denken … dauernd geht mir unsere erste Begegnung durch den Kopf … Nur, wer taucht dann natürlich sofort auf … seine Freundin!

Kapitel 4

Herzklopfen

Tomas!

Heute haben wir uns zufällig im Laden getroffen. Oh verflixt,

ich mag ihn so sehr!

Ich glaube, ich bin rot geworden: Jedenfalls hat sich mein Gesicht total heiß angefühlt. Ich war wie gelähmt von dem Gefühl, und obwohl ich es wollte, habe ich es nicht geschafft, ihm zu sagen, dass ich nicht Olga heiße. Er denkt also immer noch, ich sei die Tochter der Haushälterin.

Als ich ihn gesehen habe, hat mich das total aufgewühlt, aber ich wollte nicht, dass er das merkt. Ich wollte auch nicht mit ihm reden. Ich hab so getan, als würde ich mich auf das Obst und Gemüse konzentrieren. Aber nur ein paar Worte von ihm haben alles verändert …

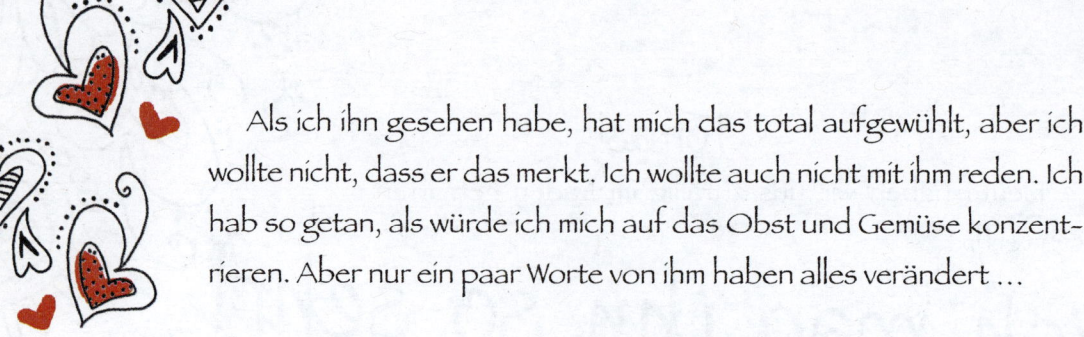

Er hat mir gesagt, dass die hübsche Blonde Ludmilla heißt … und dass sie nicht seine Freundin ist!!!!

ICH GLAUBE IHM.

Ich lag also völlig daneben! Das ist so typisch für mich, dass ich mich total davon täuschen lasse, was ich sehe. Mir ist das schon oft passiert. Ich sehe etwas, ich höre etwas, und ich glaube zu wissen, was läuft.

Und dann erfinde ich Sachen, die es nicht gibt.

Als ich elf Jahre alt war, haben wir in London gelebt. Superschöne Stadt. Wir waren gerade so lange da, dass ich Zeit hatte, ein Pferdefan zu werden.

Jedes Wochenende sind wir zu Freunden von Papa gefahren, die ein Haus auf dem Land hatten. Die Atmosphäre, die endlosen grünen Weiden und die eleganten Reiter haben mich sehr beeindruckt. Die Reiter sprangen mit ihren Pferden über Hindernisse, als wäre es das Natürlichste der Welt.

Ich träumte davon, reiten zu lernen.

Eines Tages belauschte ich eine Diskussion zwischen Papa und meiner damaligen Lehrerin Elizabeth. Elizabeth war eine kräftige, ziemlich strenge Engländerin.

Es hieß, dass ich das **niemals** tun dürfe. Dass ich diesen schönen, aber gefährlichen Tieren fernbleiben müsse.

Ich dachte natürlich sofort, dass Papa nicht wollte, dass ich reiten lerne. Ich weiß noch, wie ich auf meinem Bett lag, aus dem Fenster auf Big Ben schaute und weinte.

Aber ...

... Papa hatte nur einen Flyer gemeint, der mit der Post gekommen war. Er hatte Elizabeth gebeten ...

... nicht mit mir in den Zirkus zu gehen!

Wie gesagt, ich ziehe zu schnell Schlüsse aus dem, was ich sehe und höre. Jedenfalls verwandelte sich meine Enttäuschung in Freude. Ich durfte reiten gehen, und das mache ich immer noch, wenn ich kann!

☆ ★ ★ ★ ☆

Als ich erfuhr, dass Tomas gar keine Freundin hat, war das so schön, wie zum ersten Mal auf einem Pferd zu sitzen.

Ich hätte am liebsten den ganzen Tag mit ihm geredet, aber dann ist Papa im Auto vorbeigefahren! Ich habe mich hinter einem Korb Tomaten versteckt. Wer weiß, wie er reagiert hätte, wenn er mich dort allein gesehen hätte, und noch schlimmer: wie ich mit einem Jungen rede! Ich bin direkt nach Hause gegangen. Aber ich weiß jetzt, dass ich Tomas wiedersehen werde! Zum Abschied hat er gesagt:

„Ich mag Mädchen wie dich, die einen aufrichtigen Blick haben."

☆★★★☆

NEIIIN! ICH HAB SIE WIEDER ZUSAMMEN GESEHEN!

Ich bin noch mal zum Studio 21 gegangen. Unter dem Vorwand, mir Infos zu holen, aber in Wahrheit, weil ich die energiegeladene Atmosphäre noch mal erleben wollte. Ich würde so gern dorthin gehen! Wenn ich nur Papa fragen könnte ... Jedenfalls waren Tomas und Ludmilla dort! Er lieferte gewohnheitsmäßig etwas ab, und sie sah wie immer toll aus. Ich hab rausgefunden, dass sie Schülerin dort ist.

Wer ist diese ANSCHEINEND PERFEKTE LUDMILLA?

Ihr Spezialgebiet ist Gesang; sie hat eine sehr schöne, helle Stimme, und sie beeindruckt bestimmt jeden, der sie hört.

Sie wirkt total selbstsicher.

Ich habe den Eindruck, dass sie sehr ehrgeizig ist und alles erreicht, was sie will. Ihr Selbstvertrauen haut mich um. Aber wie sie sich mir (oder anderen) gegenüber verhält, mag ich nicht. Ich finde ihr Lächeln gekünstelt.

Wenn sie redet, scheint sie zu erwarten, dass alle sofort still sind und ihr zuhören. Und niemand darf ihr widersprechen.

Aber ich muss zugeben, sie weiß, was sie tut. Immer dafür zu sorgen, dass man im Mittelpunkt steht, ist bestimmt nicht einfach. Ludmilla weiß, wie man sich ins Rampenlicht stellt.

Sie weiß, wie man die Aufmerksamkeit anderer auf sich zieht. Sie wirkt fesselnd. Und zwar vor allem auf die Jungs!

Ich muss zugeben, dass es mich nicht überrascht, dass Tomas Ludmilla mag.

Ich denke, jeder Junge wäre gern mit ihr zusammen. Sie ist schön, begabt, elegant. Und man sieht direkt, dass sie sich sehr bewusst stylt. Sie ist bestimmt nicht der Typ, der einfach anzieht, was gerade herumliegt. Ich weiß natürlich nicht, wie ihr Kleiderschrank aussieht, aber die beiden Male, die ich sie gesehen habe, war sie tadellos gekleidet.

Ich mag meinen Stil, aber ihretwegen habe ich gedacht, dass ich vielleicht manchmal etwas länger vor dem Spiegel stehen sollte, bevor ich ausgehe. Ich bin sehr impulsiv, aber auch bequem, und so nehme ich vielleicht nicht das Erstbeste, aber doch das Zweite, was ich im Kleiderschrank finde.

LUDMILLA macht das bestimmt nicht.

Sie ist perfekt gestylt, bis ins kleinste Detail.

Ich mag sie nicht. Ich mag die Art nicht, wie sie sich mir gegenüber verhält. Und auch Tomas gegenüber. Aber *ihm* scheint es zu gefallen.

Ich bin echt enttäuscht ...

Immerhin, eine schöne Sache ist passiert. **Angie ist wieder da!** Ich weiß nicht, was sie besprochen haben, aber Papa hat ihr verziehen. Ich bin so froh, dass wir wieder zusammen sind! Ich habe unsere Gespräche vermisst und unsere Nähe zueinander und ihr Verständnis. Wir hatten uns sogar angewöhnt, zwischen den Unterrichtsstunden am Nachmittag zusammen Tee zu trinken, und nun kann ich ohne nicht mehr leben. Allein in der Küche zu sitzen, ohne sie, war einfach zu traurig.

Heute hat der Tee nach Glück geschmeckt!

Und einem Hauch Tratsch: Ich habe Angie das Neueste von Jade erzählt. Angie konnte nicht glauben, dass Jade mich geschlagene fünfundzwanzig Minuten lang über die neue Farbe ihres Lieblingsnagellacks vollgetextet hat. Okay, ich mag Nagellack auch und kaufe gern ein bisschen Kosmetik ein, aber eine halbe Stunde über einen Farbton zu reden, das geht echt zu weit! Angie und ich lachen uns immer über irgendwas kaputt.

Und noch was: Heute Abend waren wir auf einem Harfenkonzert.

Total langweilig!!!

Angie hat sich komisch verhalten. Ich dachte, dass sie Papa alles genau erklärt hatte. Anscheinend brauchte sie dringend einen Job, also hat sie sich bei uns als Lehrerin vorgestellt, die von der Agentur geschickt wurde.

Aber während des Konzerts ist sie immer mal wieder aufgestanden und verschwunden. Sie hatte eine Menge Ausreden dafür, aber ich habe ihr das nicht abgekauft. Ich vertraue ihr, denn ich weiß, dass sie mir niemals wehtun würde … allerdings muss ich zugeben, dass mir ihr Verhalten heute Abend nicht gefallen hat.

Liebes Tagebuch, ich muss aufhören, mir fallen die Augen zu! Gute Nacht, deine

Violetta

PS: Ich darf **nicht mehr** an Tomas denken!

OK? Violetta, du schaffst es! Vielleicht.

Ich liebe Shopping!

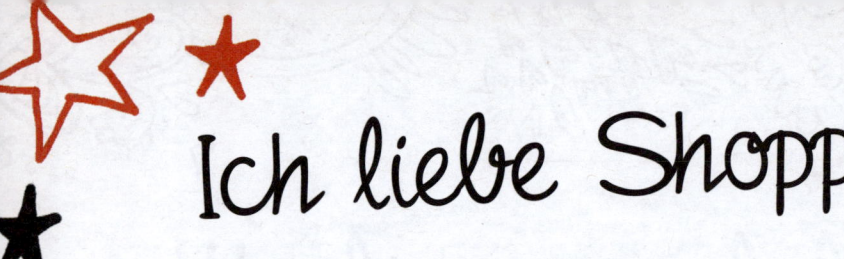
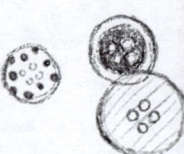

Dies oder jenes anprobieren, verzweifelt etwas suchen, was mir gefällt ... das ist nicht meine Art! Ich weiß nämlich, was ich will!

Diese Sachen kaufe ich am liebsten:

Leggings

Bunt, gestreift, mit Herzen, weiß, schwarz. Ich liebe Leggings und Strumpfhosen. Ich habe eine ganze Schublade voll davon.

Röcke

Hosen mag ich nicht besonders. Lieber trage ich kurze, weite Röcke. Mir gefällt die Vorstellung, dass sie Teil meines GANZ PERSÖNLICHEN STYLES sind.

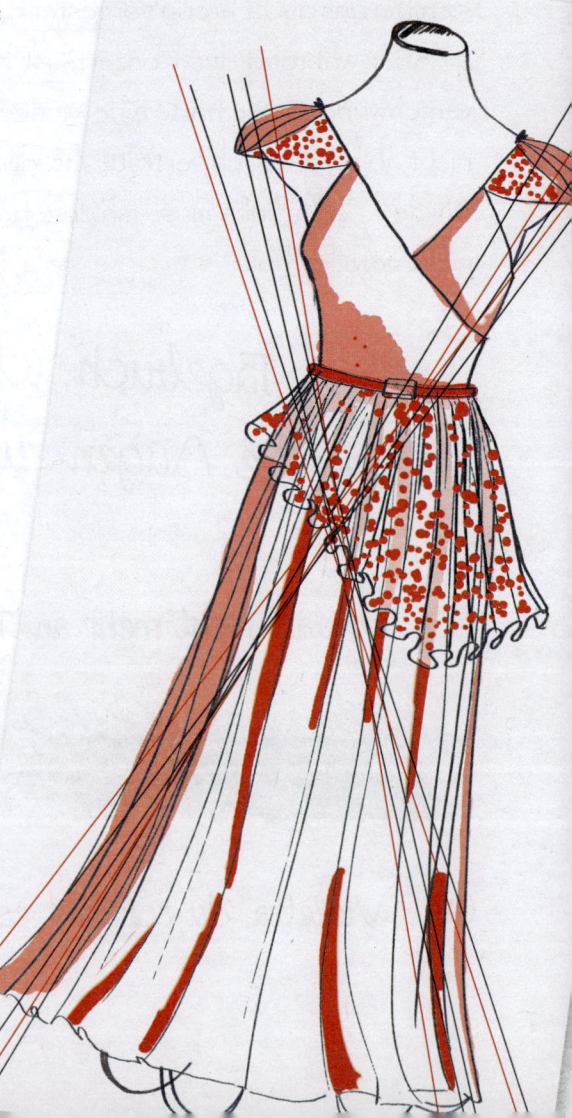

Nagellack

Am liebsten mag ich Pastelltöne, aber ab und zu probiere ich auch leuchtendere Farben aus. Ganz besonders toll finde ich es, meinen Nagellack auf meine Leggings abzustimmen.

Ohrringe

Eigentlich mag ich alle Accessoires. Außer Ringe, die ich nicht so gerne trage – es aber trotzdem tue –, weil ich ihr Gewicht am Finger spüre. Mir gefallen Armbänder und Ketten. Aber Ohrringe nehmen in meinem Schmuckkästchen einen besonderen Platz ein. Am liebsten würde ich jeden Tag ein anderes Paar anziehen!

Lipgloss

Ich liebe Lipgloss. Es gibt Tausende von tollen Farben, die deine Lippen glänzen lassen. Ich trage nicht viel Make-up, aber etwas Farbe auf den Lippen und schon ... WOW! Und Lipgloss mit Geschmack ist noch besser!

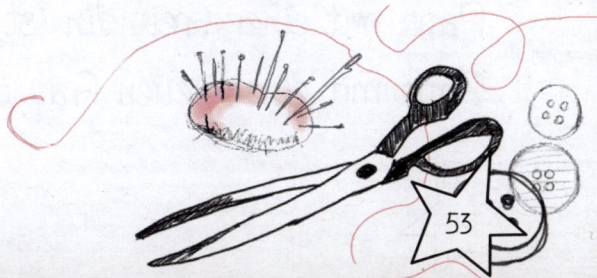

Das darf nicht wahr sein!
Bitte, sag, dass das nicht wahr sein kann!

Jade und Papa wollen heiraten!!!

Sie hat es mir heute Morgen gesagt. Ich kann es einfach absolut nicht glauben, dass Papa den Rest seines Lebens mit einer wie ihr teilen will. Ich kann mich anstrengen und mir vorstellen, dass er sie attraktiv findet. Ich kann mich dazu bringen zu glauben, dass sie ab und zu etwas Interessantes sagt, wenn sie mit ihm allein ist. Aber heiraten? Nein, das ist zu viel für mich!

Dazu kommt, dass wir uns noch weiter voneinander entfernen werden, wenn Papa Jade heiratet, denn ich komme mit ihr nicht gut zurecht ... Das ist einfach so, auch wenn ich es mir anders wünschen würde. Im Grunde kann er mich jetzt auch in ein weit entferntes Internat stecken, dann bin ich wenigstens nicht mehr im Weg, und er kann mit seiner Königin im Schloss leben, bis dass der Tod sie scheidet. Ich weiß, ich sollte nicht eifersüchtig sein, aber ... es ist nicht nur die Tatsache, dass ich Jade nicht mag. Das habe ich nie verheimlicht.

Papa mit einer Freundin ist die eine Sache, aber Papa mit einer neuen Frau ist etwas ganz anderes.

Denn ich habe Angst, dass ich sie dann vergesse. **Meine Mutter.** Ich fürchte, wenn Papa wieder heiratet, werden die schönen Erinnerungen an unser früheres Leben verschwinden. Aber vielleicht ist das gar nicht möglich, vielleicht irre ich mich …

Angst habe ich trotzdem.

Manchmal frage ich mich, ob ich die gleichen Gefühle und Ängste hätte, wenn ich die Verlobte meines Vaters mögen würde. Wenn ich mir Jade neben ihm vor dem Altar vorstelle, wird mir eiskalt … Vielleicht liegt es nur daran. **ICH BIN WÜTEND.** UND TRAURIG. ABER ICH WERDE ES ÜBER-STEHEN. ZUMINDEST WERDE ICH ES VERSUCHEN.

☆★★★☆

Scheue dich nie zu sagen, was du willst. Nie.

Liebes Tagesbuch, das habe ich heute gelernt. Ich hatte Angst, Papa zu sagen, dass ich dringend hier rausmuss, dass ich andere Teenager kennen-lernen will, eine Schule besuchen, Klavier spielen lernen. Aber heute hab ich's versucht. Und obwohl wir uns gerade gestritten hatten, weil er mich wie üblich wie sein kleines Mädchen behandelt hat …

hat er mich verstanden!

Er hat mir zugehört, wirklich gehört, was ich empfinde. Er hat mir erlaubt, Klavierstunden zu nehmen, im …

Studio 21, der unglaublich tollsten Schule,
die ich je gesehen habe!

Breite Flure, bunte Wände und VOLLER MUSIK UND LEBEN. Es ist der zauberhafteste Ort der Welt. Überall hängen Instrumente an den Wänden, überall sind **Jungs und Mädchen in meinem Alter.** Ich habe sogar zufällig ein sehr nettes Mädchen kennengelernt. Sie dachte, ich käme zur Aufnahmeprüfung für das nächste Schuljahr! **Schön wär's!**

Ich würde wirklich gern Vollzeitunterricht nehmen, aber im Moment muss ich mich mit den Klavierstunden zufriedengeben. Das ist schon eine tolle Verbesserung. Was soll's, wenn ich nur ein paar Stunden in der Woche da bin.

Leute wie ich und viel, viel Musik!

Angie sagt, ich darf keine Angst vor Gleichaltrigen haben, aber mein Magen fährt Achterbahn. Einerseits kann ich kaum erwarten, dort anzufangen, andererseits befürchte ich, dass mich niemand mag!

Tief durchatmen, Violetta.
Mach das Licht aus und träum was Schönes.

Morgen hast du deine erste Stunde, und es wird gut laufen, du wirst schon sehen.

Daran muss ich glauben, oder?

Gute Nacht!

☆★★☆

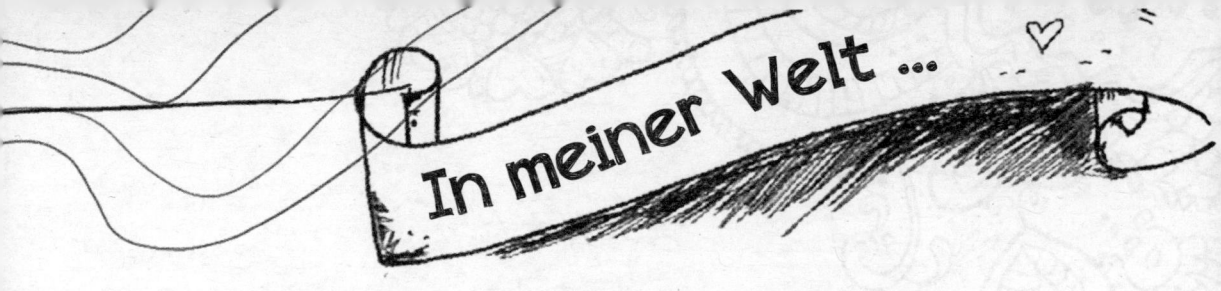

zwinge ich mich, nicht an Tomas zu denken, wirklich ... aber wenn ich ihm ständig begegne, ist das unmöglich!

Heute habe ich ihn bei seinen Auslieferungen begleitet. Es hat Spaß gemacht, bei Leuten zu klingeln, und es gefällt mir, wie er sich anstrengt, seinen Job gut zu machen. Außerdem haben wir eine Pause im Park gemacht und uns dort unterhalten. Ob eine Parkbank ein romantischer Ort sein kann? Klar!

Ich wollte ihm wirklich gern sagen, dass ich nicht Olga bin. **Ich hasse es, weiterzulügen,** aber gleichzeitig weiß ich nicht, was er von mir hält, wenn er erfährt, dass ich nicht die Tochter der Haushälterin, sondern des Ingenieurs bin ... Germán Castillo, der gestern wieder mal in der Zeitung zu sehen war, auf der dritten Seite, in einem Artikel über die Umweltreformen in Argentinien. Ich habe Angst, dass Tomas mich dann nicht mehr mag. Er sagt, er sei gern mit mir zusammen, weil ich ein normaler Mensch sei, so wie er, der arbeitet, um seine Familie zu unterstützen. Weil ich nicht so verwöhnt sei wie Ludmilla zum Beispiel.

Wie soll ich es ihm denn jetzt noch sagen?

Außerdem hab ich eine Katastrophe verursacht! Ich bin auf seine Kuriertasche gefallen und habe alles, was drin war, zerquetscht. Ich hoffe, er kriegt meinetwegen keinen Ärger bei der Arbeit!

Hoppla!

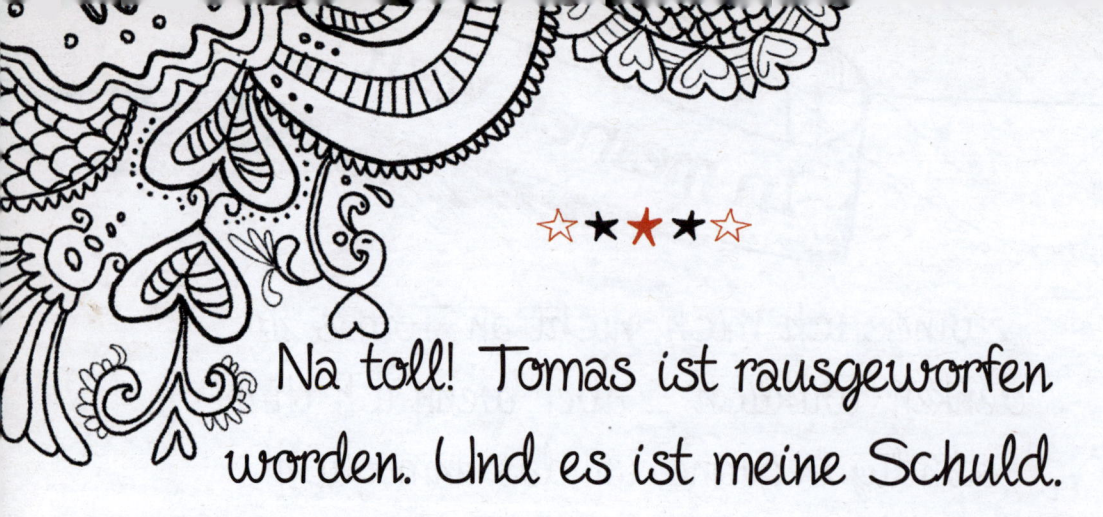

☆★★☆

Na toll! Tomas ist rausgeworfen worden. Und es ist meine Schuld.

Ich fühle mich schuldig und bin sofort zu ihm gegangen. Aber als ich ihn gefunden hatte, war **Ludmilla** bei ihm. Und das Schlimmste: Sie hat ihm gesagt, dass ich nicht Olga bin. Jetzt weiß Tomas, dass ich Violetta bin, die Tochter eines MULTIMILLIONÄRS – so hat er Papa genannt.

Er hat gesagt, er will ein ehrliches Mädchen, und ich hab ihn angelogen … Ich glaube, ich habe ihn endgültig verloren. Er fühlt sich bestimmt hintergangen … UND VIELLEICHT HAT ER DAMIT SOGAR RECHT.

Ich kann mir gar nicht ausdenken, wie ich mich fühlen würde, wenn jemand, der mir etwas bedeutet, vorgegeben hätte, er sei jemand anderes.

☆★★☆

Und die Sache wird immer schlimmer. Ich habe mich noch nie so

geschämt.

Es war schrecklich!

Jemand hat mir eine Einladung zur Schulparty geschickt. Darin stand, dass es eine Kostümparty wäre … **und dann war ich die Einzige, die im Kostüm kam!** Um genau zu sein: Ich war als Engel verkleidet. Mit zwei großen Flügeln. Alle haben mich angeschaut und mich ausgelacht. Ich hätte am liebsten geweint. Wer hat mir das wohl angetan? Eins ist klar: Ich werde diese Schule nie wieder betreten!

☆★★★☆

Nie wieder!

Ich kann nicht schlafen.

Auf meinem Wecker steht 3:00 Uhr.
Ich sollte schlafen, nicht grübeln.

Aber ich werde das Gefühl nicht los, wie ich beobachtet werde. In der Schule haben mich alle angestarrt, und ich fühle mich schrecklich deswegen.

WIE AUSGESTOSSEN.

Ich weiß, ich sollte kein Drama daraus machen. Ich hab mich einfach falsch angezogen. Aber ausgelacht zu werden war nicht schön. Überhaupt nicht. Dass ich „die Neue" bin, macht die Sache auch nicht besser. Wenn ich schon ein paar Freunde hätte, wäre es bestimmt nicht so schlimm. Wahrscheinlich hätte ich mit ihnen zusammen über die Sache gelacht. Stattdessen war ich ganz **ALLEIN.**

Im Mittelpunkt der Aufmerksamkeit, die besagt: „Sie ist anders, sie ist keine von uns." Eigentlich ist es nicht schlimm, anders zu sein, das weiß ich. Mir gefällt es sogar besser, nicht zur breiten Masse zu gehören. Ich bin lieber einzigartig, auf meine Weise. Aber heute fühle ich mich einfach nur **FREMD.**

Ich ertrage nicht, dass man sich über mich lustig gemacht hat! So etwas ist mir noch nie passiert. Ich muss an Flora denken, ein Mädchen aus unserem Haus in Madrid. Die anderen Kinder haben sie gehänselt, weil sie eine dicke, bunte Brille trug. Ich fand die Brille eigentlich ziemlich schick.

Aber die anderen machten sich einen Spaß daraus, sie „Vierauge" zu nennen. Eines Tages saß Flora in Tränen aufgelöst im Hausflur. Sie hat sich nicht mehr getraut, auf die Straße zu gehen.

Ich hab ihre Hand genommen. Dann hab ich mir die Brille aufgesetzt und Flora hinausbegleitet.

Die anderen Kids spielten gerade an ihren Handys herum. Aber als sie mich sahen, hielten sie inne. Jetzt war ich das Vierauge! Ich ging auf sie zu und lächelte. „Ihr habt recht", sagte ich. „Ich bin Miss Vierauge, und ich bin stolz darauf, so ein stylishes Accessoire tragen zu können. Aber was wisst ihr schon von Mode?" Arm in Arm gingen Flora und ich weiter. Die anderen waren sprachlos. Und von dem Tag an hatten sie nichts mehr zu sagen, weder mir noch Flora.

Damals hatte ich den Mut, mich einer Gruppe entgegenzustellen und zu sagen, was ich denke. **Dem Spott ins Gesicht zu lachen** ist die beste Art, mit solchen Situationen umzugehen. Heute habe ich das nicht geschafft. Vielleicht, weil für mich zu viel auf dem Spiel steht. Vielleicht, weil ich unbedingt dazugehören will. Oder besser „wollte"? Denn jetzt schäme ich mich zu sehr!

Wenn es Angie nicht gäbe, müsste man sie erfinden. Sie hat mich überredet, wieder zur Schule zu gehen. Als ich im Studio 21 ankam, bin ich sofort Tomas in die Arme gelaufen, der jetzt immer dort ist, weil er neuerdings als Assistent für Professor Beto arbeitet. Nachdem er seine Musik gehört hatte, schlug Beto ihm vor, die Aufnahmeprüfung zu machen. Tja, und Tomas spricht wieder mit mir! Er hat mir verziehen. Er weiß, dass ich ihn nicht anlügen wollte.

„Auf Unwetter folgt Sonnenschein, ein Regenbogen obendrein."

Das habe ich als Kind immer gesungen. Das Unwetter ist vorbeigezogen, und **jetzt wird bestimmt alles gut!**

Ich fühle mich wie in der Achterbahn. Ich hasse Achterbahnen. Schon immer. Man fährt aufwärts, immer höher, und die Angst wird immer größer. Ganz oben hat man das Gefühl, den Himmel berühren zu können, aber bevor man richtig begreift, was passiert, stürzt man schon wieder in die Tiefe. Zu schnell. **Genau so fühle ich mich jetzt.** Ich falle zu schnell. Vorgestern hatte ich noch das Gefühl, auf Wolken zu gehen. Das ärgert mich, wie kann sich binnen zweier Tage so viel so stark verändern? Tomas hat mich hintergangen. Es gibt ein Video, das gerade die Runde macht, in dem er schäbige Dinge über mich sagt und sich über mich lustig macht. Ich habe mich so schlecht gefühlt, als ich es gesehen habe! Ich dachte, er mag mich!

Ich habe versucht, mit ihm zu reden, aber er leugnet, dass er diese gemeinen Sachen über mich gesagt hat, und das macht mich noch trauriger. Wenn du mich nicht magst und mich lächerlich findest, wieso lügst du mich dann noch an?

Lass mich in Ruhe!

Aber es gibt eine gute Sache. Ich hab mich endlich mit einigen Leuten angefreundet: Francesca, Camilla und Maxi. Francesca mag ich am liebsten. Sie kommt aus Italien, und sie hat mir sofort gefallen. Sie hat mir gesagt, dass ich Ludmilla im Auge behalten soll. Und es stimmt, Ludmilla ist gemein. Sie beleidigt mich immer wieder. Camilla ist sehr nett und sehr direkt. Sie zieht sich gern jeden Tag anders an. Und Maxi ist lustig und immer gut gelaunt. Wegen meiner neuen Freunde bin ich zum Glück nicht mehr das Gespött der Schule. Die drei haben sich einfach in Engelkostümen unter die anderen gemischt – so wie ich auf der Party –, als ob nichts wäre.

Ich glaube, ich habe meine ersten echten Freunde gefunden! UND MEINEN ERSTEN FEIND. Tomas. Er wirkte doch zuerst so nett ...

☆★★☆

Unglaublich!

Tomas ist eben bei mir reingeklettert! Er kam durchs Fenster direkt in mein Zimmer! Er wollte mich davon überzeugen, dass er die Sachen in dem Video wirklich nie gesagt hat. Und ich glaube, er hätte mich fast geküsst ... aber dann kam mein Vater rein!

Zum Glück konnte ich Tomas hinausbugsieren, bevor Papa ihn gesehen hat. Puh!

Papa hätte bestimmt eine SZENE gemacht, wenn er ihn in meinem Zimmer entdeckt hätte! TOMAS HAT JEDEN-FALLS NICHTS MIT DEM VIDEO ZU TUN. Irgend-jemand hat es so bearbeitet, dass er scheinbar hässliche Sachen über mich sagt. Aber vorhin ...

... sagte er, dass er mich mag!

Achterbahnen sind doch gar nicht so schlecht!

☆★★★☆

Liebes Tagebuch, zum ersten Mal hat mir ein Junge gesagt, dass er mich mag. Ob das wahr ist? Was mir an ihm gefällt (abgesehen von seinen Augen, seinen Haaren und seinem Lächeln …), ist sein Talent. Tomas ist wirklich ein toller Musiker. Er spielt Gitarre, schreibt Lieder und würde am liebsten im Studio 21 studieren. Er sagt, das geht nicht, weil er ja arbeiten muss. Ich bewundere, wie er sich anstrengt. Ich mag seine spontane Art, seine Bescheidenheit. Wie er mit mir spricht! Was soll ich sagen? Ich mag ihn wirklich!

TOTAL!

Heute musste ich wieder an Paco denken.

P-A-C-O: Mit diesen vier Buchstaben habe ich mein altes Tagebuch gefüllt. Seiten voller Herzen. Paco war der erste Junge, in den ich mich verliebt habe. Ich war zehn Jahre alt.

Ich war wie verzaubert,

wenn er an unserem Haus vorbeiging. Jeden Tag. Paco tauchte an der Hausecke auf, den Rucksack auf dem Rücken. Oft hielt er an, um sich die Schaufenster anzusehen, oder er kniete nieder, um sich die Schnürsenkel zu binden. Dann kaufte er ein Comicheft am Kiosk. Damals las ich auch Comics, also hatten wir praktisch ein gemeinsames Hobby (und dank Paco weiß ich heute alles über Superhelden und ihre Abenteuer). Dann wartete Paco an der Bushaltestelle, meist vertieft in sein Comicheft oder den Blick verträumt in die Wolken gerichtet, mit Musik auf den Kopfhörern. Ich fand ihn immer so cool.

Und super gut aussehend.
Einzigartig. Besonders.

Ich war natürlich zu schüchtern, ihn anzusprechen. Mein Fenster lag direkt oberhalb der Schulbushaltestelle, und von dort habe ich ihn ausspioniert. Einmal habe ich mich sogar auf die Straße geschlichen …

… und bin dort auf und ab gelaufen, habe versucht, den Mut zu finden, ihm wenigstens „Hallo" zu sagen. Aber ich habe es nicht geschafft. Ich bin seinem Blick ausgewichen.

Ich war total unsicher und schüchtern!

Na ja, so anders bin ich heute auch nicht. Aber immerhin kann ich mit Tomas reden. Ist doch schon ein Riesenfortschritt, oder?

Maxi und die anderen haben das Originalvideo gefunden. Ludmilla und ihre Freundin Naty haben es offenbar bearbeitet, um mich zu verletzen. Tomas hat wirklich nie etwas Schlechtes über mich gesagt. Aber ich verstehe nicht, wieso die beiden Mädchen so gemein zu mir sind, **so was bin ich nicht gewöhnt.** Ich muss wohl vorsichtiger sein. Ich habe beschlossen, Tomas bei der Vorbereitung für die Aufnahmeprüfung zu helfen. Er übt bei uns zu Hause Klavier, und ich kann ihm sogar helfen, obwohl ich noch nicht sehr gut bin. Aber ich bin sowieso sicher, dass er die Prüfung schafft.

Der Song, den er geschrieben hat, ist wunderschön!

Kapitel 5

Neue Freunde

FREUNDIN

Liebes Tagebuch, zum ersten Mal habe ich eine richtige Freundin.

Eine beste Freundin!

Francesca ist supernett. Es fühlt sich endlich so an, als sei ich nicht mehr allein.

Ich habe immer davon geträumt, eine beste Freundin zu haben.

Eine, der ich meine Geheimnisse anvertrauen kann, mit der ich über meine Wünsche reden kann. Mit der ich spazieren gehen und herumalbern kann. Alles teilen. Das wäre wunderbar, oder?

☆★★★☆

Tja, alles teilen vielleicht
DOCH nicht …
FRANCESCA STEHT
AUF TOMAS.

Die.
Absolute.
Katastrophe.

Wenn zwei Freundinnen auf denselben Jungen stehen, kann das nicht gut gehen. Ich weiß es. Das steht in jeder Zeitschrift. Gerade erst habe ich einen Leserbrief gelesen von Clem (ich erinnere mich sogar an den Namen, ist das nicht irre?). Zusammengefasst ging der so:

Clem und Aury waren schon immer Freundinnen.
Ihre Mütter sind zusammen spazieren gegangen,
als die beiden noch Babys waren.
Beste Freundinnen also.
Bis Bebo auftaucht.

Bebo ist groß, dunkelhaarig und hat eine Haut wie heiße Schokolade (das schreibt Clem, ich kenne Bebo ja nicht). Clem erzählt Aury, dass sie Bebo mag. Anstatt sich für sie zu freuen, sagt Aury, dass sie auch auf Bebo steht. Die beiden versuchen, ruhig zu bleiben und so zu tun, als sei nichts passiert. Aber unausweichlich wächst die Spannung. Bisher haben sie sich alles erzählt, alles zusammen gemacht. Clem schreibt einen Brief an die Zeitschrift, weil sie einen Rat braucht, wie sie das Problem lösen kann …

Wie vermeidet man Streit und verhindert, dass eine tolle Freundschaft zerbricht … wegen eines Jungen?

Clem schreibt, dass sie Bebo nicht aufgeben will. Okay, die Lösung ist also klar: Lass ihn wählen, die „Verliererin" muss damit zurechtkommen. Aber wie soll das gehen?

Ich weiß noch nicht, ob Francesca die beste Freundin wird, die ich mir so sehnlich wünsche. Aber ich habe jetzt schon Angst, sie zu verlieren. Wenn ich wählen müsste, würde ich eher Tomas aufgeben, glaube ich.

Das wäre natürlich nicht leicht. Aber im Moment glaube ich, dass ich sie mehr brauche als ihn. Ich will nicht, dass wir wegen Tomas Streit bekommen oder dass Francesca denkt, ich wollte ihn ihr wegnehmen. Und sogar wenn wir ihn entscheiden lassen und er mich wählt ... ich würde sie bestimmt verlieren. Ich habe nur eine Wahl, was Tomas angeht:

ihn meiden, nicht mehr mit ihm sprechen, ihn vergessen.

Ganz easy, oder?

☆★★☆

Nach einigem Hin und Her steht
es jetzt fest: Papa und Jade
werden wirklich heiraten.

WAS FÜR EIN ALPTRAUM!

Das ist ja wie im Märchen.
Ich kriege eine Stiefmutter!

Ich höre Jade jetzt schon durchs Haus rufen: „Vilu, Süße, bring mir doch bitte die Schuhe, die ich gerade gekauft habe! Vilu, Schatz, erzähl mir deine Geheimnisse, während ich meine tolle Antifaltencreme auftrage! Vilu, Liebes, sprich nicht so mit deinem Vater. So benimmt man sich nicht."

Jade will sich in alles einmischen, sie tut es schon. Wenn sie erst mit meinem Vater verheiratet ist, dann denkt sie bestimmt, sie hat das Recht, alles zu sagen und zu tun, was sie will, auch was mich betrifft. Und das kann ich nicht ausstehen.

ICH BESORG MIR EINEN BESEN UND EINEN GLASSCHUH. DAS WERD ICH WOHL BALD BRAUCHEN!

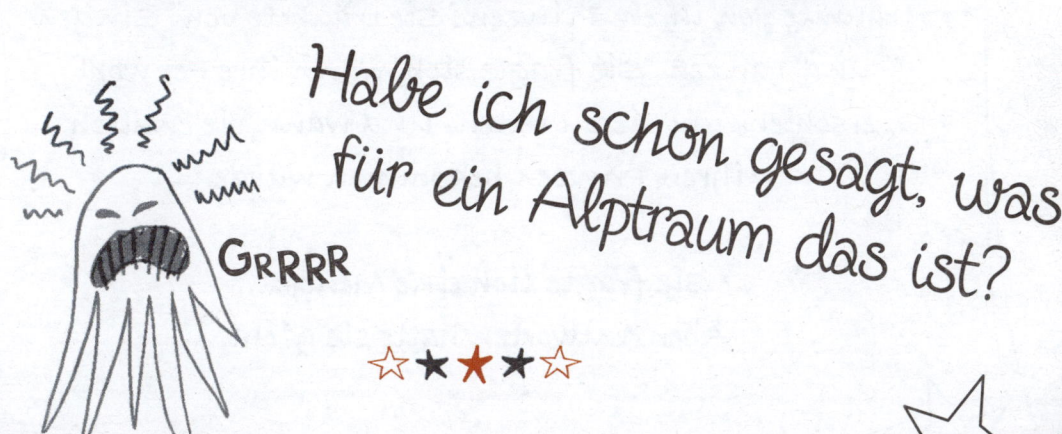

Habe ich schon gesagt, was für ein Alptraum das ist?

GRRRR

☆★★★☆

Es war einmal ein Mädchen, das lebte mit seinem Vater in Buenos Aires. Das Mädchen hatte eine Menge Träume im Herzen und Wünsche, die sie in ihr Tagebuch schrieb. Die Mutter des Mädchens war tot, und so beschloss der Vater, erneut zu heiraten. Die Stiefmutter zwang das Mädchen, ihr zu Diensten zu sein. Sie unterbrach sie ständig, um zu erfahren, womit sie sich beschäftigte. (Okay, ganz so ist es nicht, aber Jade ruft mich wirklich oft.)

Das Mädchen saß in seinem Zimmer und dachte an die glückliche Zeit zurück, als es die Stiefmutter noch nicht gab. Das Mädchen hoffte, dass der Vater sich umentscheiden würde, aber sie wusste: Das Einzige, was ihr Schicksal abwenden konnte, war Magie. Also schloss sie die Augen und träumte von ihrem Prinzen. Sie träumte vom Singen und Tanzen. Sie fragte sich, wann ihre Fee wohl erschien, um sie zu retten. Und wann sie endlich ihren Prinzen bekommen würde.

**Sie fragte sich eine Menge …
Aber Antworten hatte sie nicht.**

Vielleicht ist es Zeit für
einen Zauberspruch …
Keine Stiefschwestern,
kein Schloss …

ABER ICH FÜHLE MICH
WIRKLICH WIE
ASCHENPUTTEL!

☆★★★☆

Liebes Tagebuch, im Studio 21 herrscht zurzeit eine echt aufregende Atmosphäre. Meine neuen Freunde sind toll.

Maxi

Er bringt mich zum Lachen, **er ist einfach ein irrer Typ.** Immer zu Späßen aufgelegt, aber mit liebem und wohlwollendem Blick. Seinem Schwarm Laura gegenüber ist er schüchtern, das finde ich süß.

Francesca

Kein Zweifel mehr, **sie ist mir die Liebste.** Sie ist offen, vertrauenswürdig und aufrichtig. Diese Eigenschaften wünsche ich mir schon immer bei einer Freundin. Ich hoffe wirklich, **dass unsere Freundschaft wächst** und Widrigkeiten übersteht. Vor allem, weil wir ja den gleichen Traumjungen haben:

Tomas ;)

Camilla

Camilla ist tough. **Sie weiß genau, wer sie sein will,** obwohl sie jeden Tag anders gestylt in die Schule kommt. Aber ich verstehe sie. **Sie experimentiert wie eine Künstlerin.** Anders als viele denken ist sie nicht unsicher. Camilla sagt mit ihrem Styling, wer sie ist. Sie ist eine Künstlerin, und ich bewundere sie für ihre Vielseitigkeit. Sie kann sich an jede Lage anpassen, und mir gefällt, wie sie peinliche Situationen überwindet und wie sie sich verhält, wenn jemand wie Ludmilla versucht, sie aus der Fassung zu bringen.

Camilla lässt sich von nichts und niemandem einschüchtern!

Sie ist anders als ich. Wenn ich in einer Auseinandersetzung nicht richtig reagieren kann, dann gehe ich heim und brüte stundenlang vor mich hin. Was ich gerne gesagt hätte oder was ich hätte sagen sollen, kommt mir oft erst später in den Sinn. Ich könnte mich dann selbst treten, dass mir die richtige Antwort nicht sofort eingefallen ist. Das würde ich mir gern von Camilla abgucken. Wie man mit erhobenem Kopf eine schwierige Situation bewältigt.

To-do-Liste

- Anmeldung im Studio 21 (die Privatstunden reichen mir nicht mehr!)

- Ein neues Notenheft kaufen

- Mit Francesca reden und das Gespräch auf Tomas bringen

- Den Titel des tollen Songs rausfinden, den ich kürzlich im Radio gehört habe

- Leon (habe ihn im Studio 21 kennengelernt) sein Halstuch zurückgeben

- Kekse für Camillas Party backen

- Meinen Wecker reparieren lassen
(sonst verschlafe ich noch!)

- Die aktuellen Comics im Kiosk
kaufen

- Das Buch von Angie zu Ende lesen

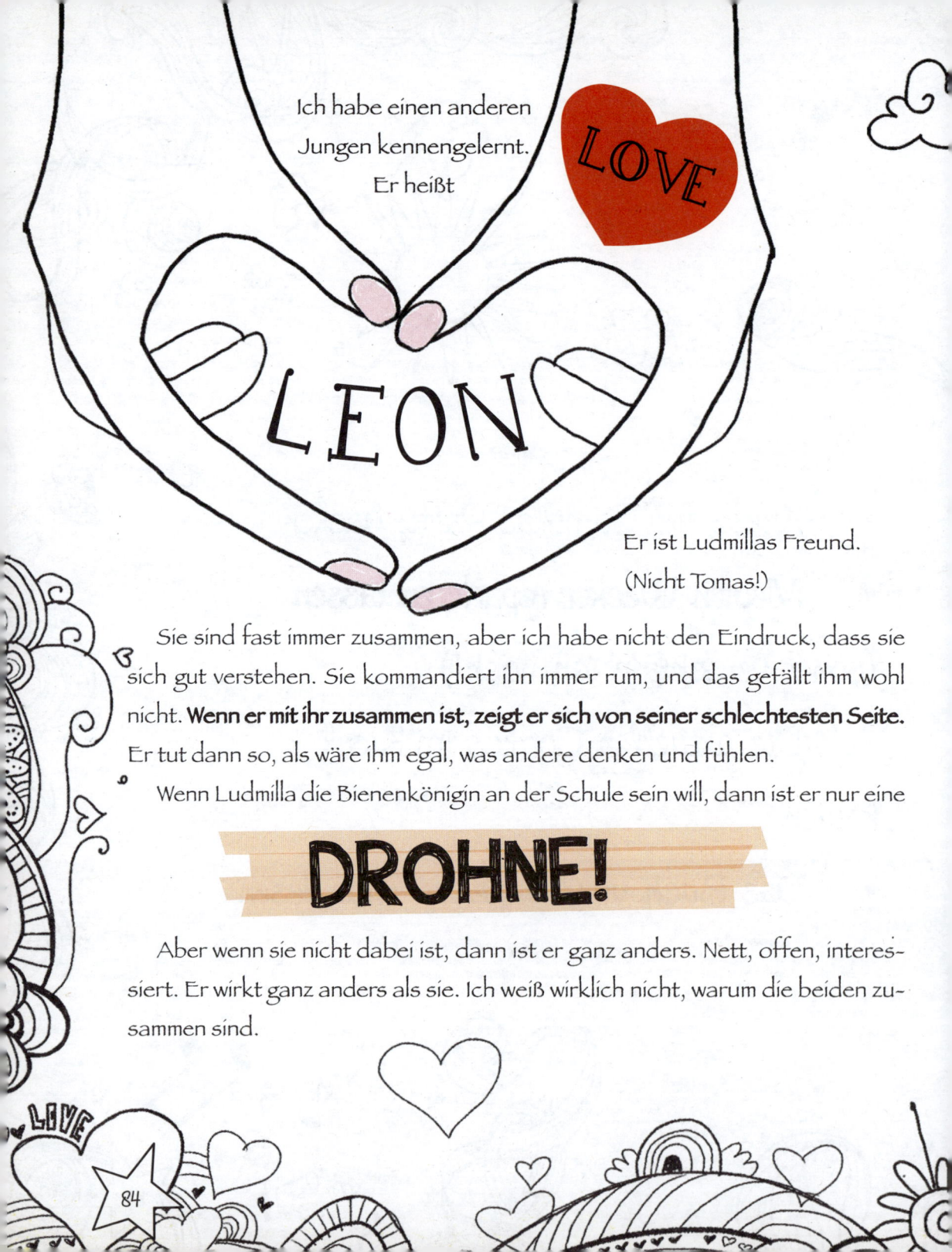

Ich habe einen anderen Jungen kennengelernt. Er heißt

LOVE

LEON

Er ist Ludmillas Freund.
(Nicht Tomas!)

Sie sind fast immer zusammen, aber ich habe nicht den Eindruck, dass sie sich gut verstehen. Sie kommandiert ihn immer rum, und das gefällt ihm wohl nicht. **Wenn er mit ihr zusammen ist, zeigt er sich von seiner schlechtesten Seite.** Er tut dann so, als wäre ihm egal, was andere denken und fühlen.

Wenn Ludmilla die Bienenkönigin an der Schule sein will, dann ist er nur eine

DROHNE!

Aber wenn sie nicht dabei ist, dann ist er ganz anders. Nett, offen, interessiert. Er wirkt ganz anders als sie. Ich weiß wirklich nicht, warum die beiden zusammen sind.

LOVE

Ich hab Leon zufällig kennengelernt, nach dem Harfenkonzert, zu dem mich Angie geschleppt hat. Wir haben ein
paar Worte gewechselt, das war alles. Aber in der Schule habe
ich ihn vor Kurzem etwas besser kennenlernen können. Er ist sehr sensibel.
Wenn ich niedergeschlagen bin, bringt er mich zum Lächeln.

Leon sieht echt süß aus: Er hat dunkle Haare und schöne Augen. Er ist nachdenklich und sehr charmant. Das kann ich nicht leugnen.

Später habe ich rausgefunden, dass sein Vater mit meinem Vater befreundet ist. Papa kennt Leon sogar. Was für eine Überraschung! Papa
schien sich sogar zu freuen, als Leon mich kürzlich mal nach Hause gebracht
hat. Das fand ich natürlich super. Ich bin so daran gewöhnt, dass Papa keinen Jungen im Umkreis von fünf Metern um mich duldet, dass ich echt überrascht bin, wie nett er zu Leon war. Wenn er sich doch nur Tomas gegenüber
genauso benehmen würde! Aber Tomas gehört zu denen, die sich nach Papas Ansicht mindestens fünfzehn Meter von mir fernhalten müssen!

Ich mag Leon. Er ist so nett, und ich glaube, dass ich ihm vertrauen kann. Natürlich nur, wenn er nicht mit Ludmilla zusammen ist! ;)

Kapitel 6

Zweifel

Liebes Tagebuch, ich bin so aufgeregt! Ich hab beschlossen, auch die **Aufnahmeprüfung** für das Studio 21 zu machen! Angie wird mir helfen, aber Papa will ich es noch nicht sagen, denn er wäre nicht einverstanden. Aber ich will nicht mehr nur Privatstunden nehmen. Ich will richtig zur Schule gehen, wie die anderen auch. Tomas hat mich überzeugt. Ich weiß, ich hab gesagt, ich muss mich von ihm fernhalten, damit ich die Freundschaft mit Francesca nicht zerstöre, aber ich bin so gern mit ihm zusammen, und mit Francesca läuft es super, also kann ich vielleicht mit beiden befreundet sein …

Francesca ist mir wirklich wichtig, deshalb will ich sie nicht anlügen. Aber darüber denke ich im Moment lieber nicht nach. Ich muss mich auf die Gegenwart konzentrieren.

Und auf die Prüfung!

☆★★☆

Ich lese gerade ein wunderbares Buch. Darin wird die Geschichte eines kleinen Waisenmädchens erzählt. Nachdem sie jahrelang bei verschiedenen Familien gelebt hat, wo sie schwere Arbeiten verrichten und strenge Regeln befolgen musste, beschließt sie eines Tages, zusammen mit einem Jungen, mit dem sie sich angefreundet hat, wegzulaufen. **Auf einmal sind sie beide frei, zu tun und zu denken, was sie wollen.**

MEIN PRINZ

Natürlich verlieben sie sich, und das ist so süß beschrieben, dass ich Gänsehaut kriege, wenn ich nur daran denke. Jetzt ist der Junge gerade verschwunden … ich mache mir richtig Sorgen!!!

Ich lese gerne. Meistens abends vor dem Einschlafen. Oder wenn ich tagsüber eine Lernpause einlege. Als ich klein war, mochte ich Abenteuerbücher. Ein Buch musste mindestens von einem Piraten, einem Ritter oder einer Prinzessin handeln, um mich zu begeistern.

Inzwischen mag ich Krimis lieber. Ich versuche immer herauszubekommen, wer der Täter ist, aber es gelingt mir fast nie. Und natürlich mag ich auch romantische Geschichten. Mir gefällt, wie sie mich in ihren Bann ziehen, ich identifiziere mich mit der Hauptfigur.

Ich muss oft weinen, wenn ich traurige oder aufwühlende Szenen lese.

Teils liegt das an der Geschichte, teils habe ich das Gefühl, als würde etwas Schönes zu Ende gehen. Ich muss eine Welt verlassen, die ich lieb gewonnen, in der ich mich heimisch gefühlt habe. Und wenn man ein neues Buch anfängt, ist es oft superschwer, denn man muss immer erst die neuen Figuren kennenlernen. Ich weiß am Anfang nicht, ob ich darauf vertrauen kann, dass sie sich in einer spannenden Geschichte befinden. Werden sie mich fesseln können? Zum Glück gelingt ihnen das fast immer.

Auf diese Weise entdecke ich FASZINIERENDE NEUE WELTEN.

Allerdings ist das nicht immer so. Manchmal fange ich ein Buch an und halte nicht durch. Dann bin ich enttäuscht, denn ich lasse Dinge nicht gern unerledigt. Aber das ist zum Glück schon länger nicht mehr passiert.

Liebes Tagebuch, ich glaub's nicht! Angie soll ein Schmuckstück gestohlen haben. Das kann nicht wahr sein! Ganz bestimmt nicht. Okay, ich hatte in letzter Zeit das Gefühl, dass sie etwas vor mir verbirgt …

ABER ANGIE IST DOCH KEIN DIEB!

Heute Morgen habe ich im Studio 21 mein …

Anmeldeformular abgegeben!

Ich war aufgeregt und glücklich. Dann bin ich nach Hause gegangen und habe den Nachmittag mit Papa verbracht, der aus irgendeinem seltsamen Grund mal kein endloses Meeting hatte. Der Schmuck ist übrigens gefunden worden; Angie ist unschuldig. Ich hab es ja gewusst! Jade war nicht da. (Zum Glück verbringt sie mehr Zeit im Kosmetikstudio als zu Hause, also muss ich sie nicht ständig sehen. Ich sollte dankbar dafür sein, wie schnell ihre Frisur den Halt verliert, ihr Nagellack abblättert oder ihre Schultern steif werden und massiert werden müssen.)

Ein Nachmittag mit Papa ist ein tolles Geschenk!

Auch wenn wir uns nicht immer vertragen ...

hab ich ihn
sehr lieb

und bin gern mit
ihm zusammen.

94

Heute sind wir ein bisschen shoppen gegangen. Wir brauchen eine neue Lampe fürs Wohnzimmer. Ich habe eine sehr schöne in einem Antiquitätengeschäft gesehen. Papa sagt, er ist dort oft mit meiner Mutter gewesen.

Sie liebte Antiquitäten, die Farbe von Holz und den Geruch hundert Jahre alter Möbel.

Mama sagte immer, dass ein Gegenstand, der jemand anderem gehörte, eine Geschichte zu erzählen hat. In diesem kleinen Laden, der nicht größer als ein Schlafzimmer ist, dunkel wie ein Kellerraum, voller Geschichten und Ahnungen. In diesem Laden hat sie die alte Truhe gekauft, die in unserem Wohnzimmer steht. Heute habe ich auch Bilderrahmen für mein Zimmer gekauft. **Für Fotos von meiner Mutter und mir.** Der Nachmittag war schön, wir haben viel geplaudert, und ich habe mich Papa näher gefühlt. Beim Stöbern habe ich viel über die Vergangenheit nachgedacht. Und am Abend lastete ein schwerer Stein auf meinem Herzen.

Ich kann meinen Vater nicht anlügen.

Ich bin hin und her gerissen, denn wenn ich die Aufnahmeprüfung bestehe, muss ich ihn jeden Tag anlügen. Es gefällt mir nicht, etwas hinter seinem Rücken zu tun, seine Erlaubnis nicht zu haben. Wenn er mich nicht wie eine Prinzessin behandeln würde **(indem er mich in seinem Schloss gefangen hält),** wären die Dinge natürlich viel einfacher. Vielleicht muss die Schule meiner Träume doch noch ein bisschen warten.

☆★★☆

Meine Kostbarkeiten

Das Kleid meiner Mutter

… das ich an meinem sechzehnten Geburtstag in meinem Zimmer gefunden habe. Ein wunderschönes pinkes Satinkleid. Ihr Kleid.

Eine Postkarte aus Brasilien

Die habe ich mir vor ein paar Jahren selbst geschickt. Wir haben dort Urlaub gemacht, und ich war ein wenig traurig. Also habe ich mir diese Karte ausgesucht, mit einem Foto voller Sonne, Meer und Wärme. Wenn ich mir die tolle Landschaft und den superweißen Sand von Rio de Janeiro ansehe, muss ich immer lächeln.

Die Playlist meiner Lieblingssongs

Die Liste ändert sich monatlich, weil ich immer die neuesten Hits hinzufüge. An der neuen Zusammenstellung kann ich mich dann nie satthören. Wenn ich gut drauf bin, dreh ich die Musik voll auf und singe dazu (worauf ich fast immer Lust habe).

Obi

Mein Lieblingskuscheltier. Ich spiele zwar nicht mehr mit Stofftieren, aber Obi hat mich so lange überallhin begleitet, dass ich ihn immer noch mitnehme, wenn wir wegfahren.

Du, mein Tagebuch

Hätte ich dich lieber an die erste Stelle setzen sollen? Du gehörst mit zu den Dingen, die mir am meisten bedeuten. Du bewahrst meine Geheimnisse und Gedanken, meine Zeichnungen und Herzensergüsse. Wenn ich deine Seiten aufschlage, kann ich ehrlich sagen: Das bin ich!

☆★★★☆

NEIIIIN!!!!!!!!!

Auf dem Dachboden lagern die Sachen meiner Mutter! Und Papa hat sie vor mir versteckt. Deshalb wollte er nicht, dass ich da raufgehe! Langsam fange ich an zu begreifen. Mir wird klar, wie sehr er die Erinnerung an meine Mutter **aus meinem Leben auslöschen** wollte!

WIE KONNTE ER DAS NUR TUN?

Manchmal erzählte er mir etwas über sie, und ich war dankbar, diese Erinnerung mit ihm teilen zu können. Und jetzt muss ich feststellen, dass er mich bewusst mit ausgewählten „Erinnerungshäppchen" gefüttert hat.

Nur mit dem, was er mich wissen lassen will! Warum?

Wie kann er denn glauben, dass mir das nicht wehtut, wenn er mir die Erinnerungen an meine Mutter, ihre Besitztümer und Kleider vorenthält?

Dort liegt alles, was ihr gehörte. Und das erfahre ich jetzt!

Hat er die Sachen zu meinem Besten vor mir versteckt? Will er verhindern, dass ich in der Vergangenheit lebe? Keine Sorge, Papa, ich werde sowieso nicht mehr auf dich hören.

Ich bin wütend auf dich!

Liebe Mama,

ich vermisse dich. Du hast mich zu früh verlassen. Ohne dich aufzuwachsen tut weh, jeden Tag. Ich habe von dir gelernt, stark zu sein, und dass ich heute bin wie ich bin, habe ich zum Teil dir zu verdanken. Es hat mich sehr gerührt, mir deine Sachen anzusehen. Ich hätte nicht gedacht, dass ich dir noch einmal so nah sein kann.

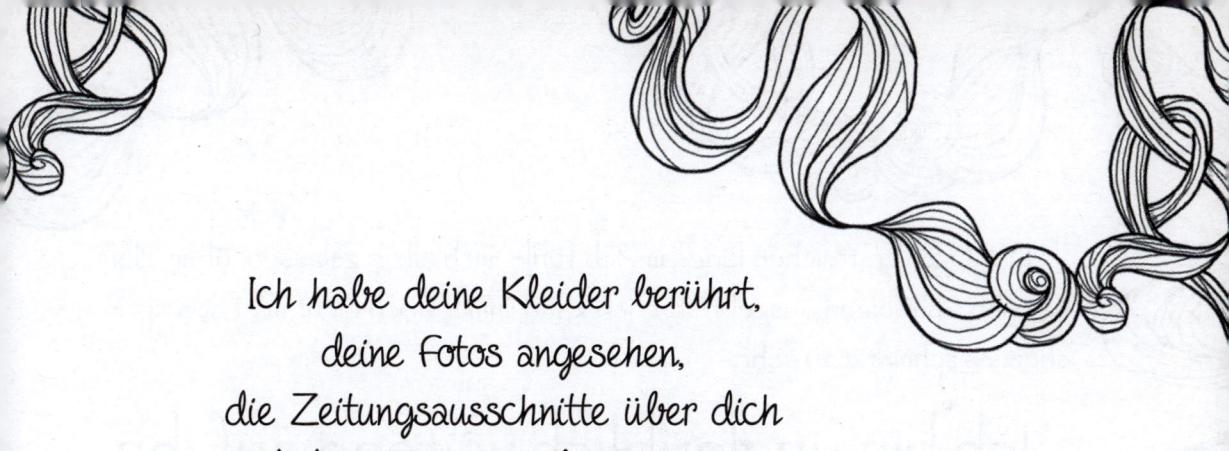

Ich habe deine Kleider berührt,
deine Fotos angesehen,
die Zeitungsausschnitte über dich
und deine Karriere als Sängerin ...

Einen Augenblick lang hatte ich das Gefühl, dass du bei mir bist. Ich habe dein Tagebuch gefunden. Du hast also auch immer geschrieben. Ich wusste das nicht. Das habe ich dann wohl von dir geerbt.

Weißt du, Mama, **ICH SINGE AUCH SO GERN.**
Ich habe beschlossen, mich im Studio 21 zu bewerben. Ich weiß, dass ich es heimlich machen muss, ohne dass Papa davon erfährt, aber ich weiß auch, dass du mich unterstützen würdest. Du würdest mir sagen, dass ich meinen Traum wahrmachen und singen soll. Ich spüre dich ganz nah bei mir. Ich liebe dich.

Violetta

☆★★★☆

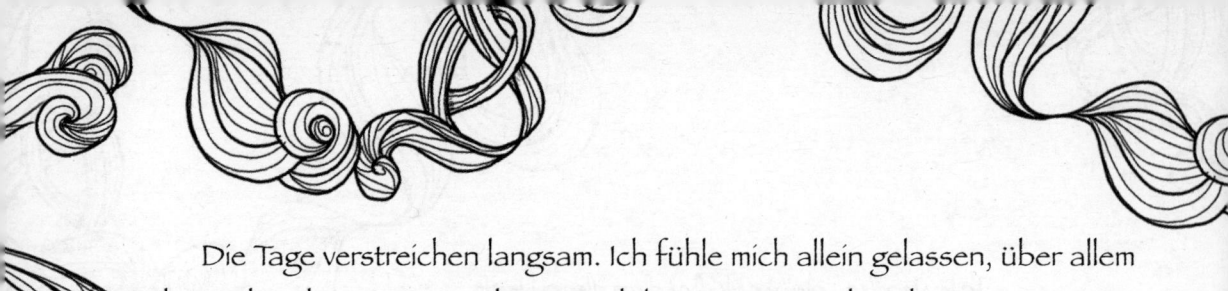

Die Tage verstreichen langsam. Ich fühle mich allein gelassen, über allem hat sich Schweigen ausgebreitet, ich kann immer noch nicht mit Papa sprechen, **es schmerzt zu sehr.**

Ich bin unglaublich wütend auf ihn.

Ich versuche, morgens erst dann aufzustehen, wenn er schon gegangen ist. **Ich erfinde eine Milliarde Ausreden, warum ich den ganzen Tag lang nicht zu Hause bin.** Gestern habe ich ihm erzählt, ich würde mit Francesca lernen. Heute, die Klavierstunde sei auf nachmittags verlegt worden. Gestern und vorgestern hat er versucht, mit mir zu reden. Ich hab mich in meinem Zimmer eingeschlossen, Kopfhörer aufgesetzt und die Musik laut aufgedreht. Und so getan, als könnte ich nicht hören, dass er an meine Tür klopft.

Als ich gesehen habe, wie sich die Türklinke bewegte, bin ich schnell unter die Decke gesprungen und habe so getan, als würde ich schlafen. Wäre er reingekommen, hätte er merken können, dass ich die Schuhe noch anhatte – aber das tat er nicht.

Ich weiß, dass ich ihm nicht lange aus dem Weg gehen kann. Wahrscheinlich muss ich heute mit ihm sprechen. Aber ich weiß noch gar nicht, was ich sagen soll.

Er ist mein Vater. Trotz allem ist er mir wichtig …

☆★★★☆

Ich hab's geschafft!!!

Ich habe bestanden.
Ich habe gesungen und getanzt.

Jetzt bin ich Studentin im Studio 21!!!

Mein Traum ist wahr geworden! Ich werde alles dafür tun, keine einzige Stunde verpassen und richtig gut werden! Eine Künstlerin, mit großem K. Ich bin so glücklich, mein Herz zerspringt fast vor Freude.

Der einzige Wermutstropfen ist, dass Tomas nicht bestanden hat … Aber er wird es bestimmt noch einmal probieren!

☆★★★☆

Musik …

Ich liebe Musik.

Ich hab's ja gesagt.

Tomas gefällt mir auch, aber das kann ich nicht laut sagen. Das geht nicht. **Francesca ist mir zu wichtig,** und ich könnte nicht mit Tomas zusammen sein, wenn auch sie ihn mag.

Ich habe Leon gefragt, ob er mir hilft, Tomas zu vergessen.

Er und Ludmilla haben sich getrennt, und jetzt verbringen wir viel Zeit miteinander. Leon hat sofort gemerkt, dass etwas nicht stimmt. Er ist in meiner Nähe geblieben. Er sagt immer genau das Richtige, vor allem, wenn ich traurig bin. Ich glaube, er hat recht: Wenn die Dinge nicht so laufen, wie du willst, dann zwinge dich, sie aus einer anderen Perspektive zu betrachten und fasse neue Möglichkeiten ins Auge … Ich weiß nicht, aber ich muss mich von Tomas lösen. Entwickle ich gerade Gefühle für Leon? Ich weiß es nicht. Aber eins ist sicher:

Ich mag Tomas lieber!

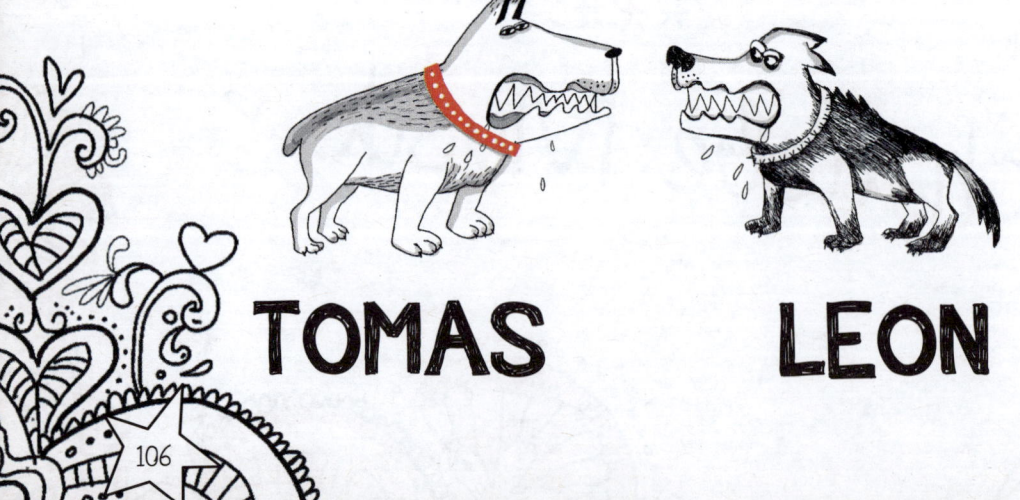

TOMAS   LEON

Ich verbringe meine ganze Freizeit mit Leon. Wir gehen zusammen ins Café, einkaufen, wir essen Eis auf der Parkbank. Das ist wirklich schön, denn er ist echt nett und liebenswert. Er bringt mich zum Lachen. Ich mag sein schlaues Lächeln und wie ihm die Haare in die Stirn hängen und wie er sie dann langsam zur Seite streicht. Er scheint gar nicht zu bemerken, wie anziehend er wirkt.

ABER ER IST NICHT TOMAS

Camilla sagt, dass es mir ins Gesicht geschrieben steht, wie verknallt ich in Tomas bin. Soll ich mit ihm reden? Soll ich ihm meine Gefühle gestehen?

Wenn er nur wüsste, wie sehr ich ihn mag!

DER SONG, DEN ER GESCHRIEBEN HAT ... IST FÜR MICH!!!

☆★★★☆

Es ist so schwer, sich zu entscheiden. Ich mag Tomas. Tomas mag mich. Eigentlich müsste ich glücklich sein!.

Warum also hab ich einen Kloß im Hals?

Wäre ich mit ihm zusammen, würde ich Francesca verlieren. Wenn ich die Freundschaft mit Francesca wähle, verliere ich Tomas …

Freundschaft oder Liebe?

☆★★★☆

Heute Nacht hatte ich einen Alptraum. Ich war in der Schule, und Ludmilla hat mich in einem Raum eingeschlossen. (Das ist am Tag der Aufnahmeprüfung wirklich passiert. Sie hat mich in die Besenkammer gesperrt.) Ich stand im Dunkeln und konnte nur meinen eigenen Herzschlag hören.

Und ich bin in Panik geraten.

Plötzlich prasselte Wasser von oben auf mich nieder. Ich spürte es auf meinen Haaren und im Nacken. Ich hämmerte gegen die Tür. Hinter der Tür standen Tomas und Francesca. Francesca weinte, während Tomas verzweifelt versuchte, mich zu befreien. Aber dann drehte er sich um, um sie zu beruhigen, und die beiden gingen lachend weg ... Da bin ich aufgewacht. Wie gruselig!

Ich würde mich für Tomas entscheiden ...

Aber es geht nicht.

LEON

Komisch.
In den letzten Tagen habe ich an
Leon gedacht.

Er kommt mir ständig in den Sinn. Ich mache mit Olga
Omelette. Ich öffne den Kühlschrank und sehe Leons
Lieblingssaft. **Und dann denke ich daran, wie er mir vor
ein paar Tagen** versehentlich Saft über meinen weißen
Rock geschüttet hat. Ich muss lächeln, wenn ich daran
denke, wie peinlich ihm das war. Er fürchtete, den Rock
ruiniert zu haben, weil der Blaubeersaft einen großen lila
Fleck hinterlassen hat. Aber da kennt er Olga und ihre
Wunderwaffen in der Waschküche schlecht!

Oder gestern, als ich für Erdkunde gelernt habe.
Ich habe ein Kapitel über die Wirtschaft in Chile
gelesen, und da fiel mir ein, dass sein Vater letzte Woche in Chile unterwegs
war. Leon wollte ihn gern begleiten,
weil er schon immer davon geträumt hat, nach Chile zu reisen.

Ich weiß nicht, warum ich an LEON denke.

LEON

Ich bin mir immer sicherer, dass ich Tomas will. Aber ich bin auch gern mit Leon zusammen. Ich versuche, nicht zu viel darüber nachzudenken. Für dieses Jahr habe ich mir eigentlich vorgenommen, alles etwas leichter zu nehmen.

WENIGER DENKEN, MEHR TUN, VILU!

Das könnte mein Motto sein.

Hahaha! Ich kriege mich nicht mehr ein.

Mein Bauch tut weh vor Lachen. Ich habe mich heute Vormittag im Unterricht mit Angie unterhalten. Eigentlich hätten wir die Industrielle Revolution durcharbeiten müssen.

Stattdessen haben wir meine Schreibtischschubladen durchgearbeitet!

Wir haben ein paar total alberne Fotos gefunden, in einer Schachtel, von der ich gar nicht wusste, dass ich sie noch hatte. Fotos von mir als kleines Mädchen und Bilder von Papa. Und wer hätte gedacht, dass ich mal verkleidet war wie ein …

Clown???

Perfekt geschminkt, mit weißem Gesicht, einem riesigen Mund und einer künstlichen Träne unter dem linken Auge.

Hätte ich es nicht selbst gesehen, würde ich es nicht glauben.

Aber ich lache nicht deshalb. Angie, die ein schlechtes Gewissen hatte, weil sie keinen Unterricht mit mir machte, wollte mir ein Foto von sich selbst zeigen, das sie noch nie jemandem offenbart hatte. Sie ist darauf zehn Jahre alt … ha, ha!

Was für ein Gesicht!

Sie sitzt in der Achterbahn im Freizeitpark von Buenos Aires. Mit einem echt komischen Gesichtsausdruck. **Sie hat Angst, und gleichzeitig sieht sie total witzig aus.**

Aber auch deshalb muss ich nicht so sehr lachen.

Nachdem wir die Schachtel wieder weggepackt hatten, unterhielten wir uns darüber, **wie viel Spaß es macht,** alte Fotos anzusehen. Man lächelt automatisch!

Es weckt Erinnerungen an
LUSTIGE MOMENTE DER VERGANGENHEIT.

DA HATTEN WIR EINE IDEE.

Ich habe meine Kamera geholt, und **wir haben Fotos von uns mit dem Selbstauslöser gemacht.** Zuerst schnitten wir Grimassen: Zunge raus, Ohren lang ziehen, schielen und so weiter.

Dann haben wir uns verkleidet.

Das brachte uns zum Lachen,
aber nicht mal das ist der Grund.
Ich kann immer noch nicht aufhören.

Denn plötzlich kam Jade herein. Ich glaube, sie hat eine Schere gesucht. Wir haben sie gar nicht bemerkt. Als sie uns fragte, was wir da machen, saß ich gerade auf Angies Schultern. Ich bin ins Schwanken geraten und wäre fast runtergefallen. Ich hätte mir richtig wehtun können!

Jade ist sofort gegangen.

Da haben wir weitergelacht, noch schlimmer als vorher, wenn das überhaupt möglich ist. Sie hat uns bestimmt gehört. Aber nicht mal deshalb kriege ich mich nicht mehr ein …

An meinem Rechner kann ich Digitalfotos sofort ausdrucken.

Wir haben fünfzehn Bilder ausgedruckt und sie an Jades Zimmertür gehängt.

Dann habe ich mich mit der Kamera im Flur auf die Lauer gelegt. Als Jade zurückkam und unsere albernen Grimassen an der Tür entdeckte, habe ich auf den Auslöser gedrückt.

Und DARÜBER könnte ich mich abrollen. Ich hab das Foto von Jades Gesicht ausgedruckt. Sie rauft sich die Haare, ihre Augen quellen vor Wut heraus, ihr Mund steht ein bisschen offen, gerade so viel, dass es peinlich ist.

Ich lach mich kaputt!

HAHAHA!
HAHAHA!
HAHAHA!
HAHAHA!
HAHAHA!
HAHAHA!

117

Kapitel 7

Geteilte Geheimnisse

Francesca weiß jetzt, dass ich auf

TOMAS stehe.

Sie hat es natürlich nicht gut aufgenommen. Sie ist wütend geworden und hat mir vorgeworfen, dass ich früher die Wahrheit hätte sagen sollen. Obwohl sie das ja auch nicht getan hat … Denn es war Camilla, die mir gesagt hat, dass Francesca in Tomas verknallt ist. Na ja, ich habe ihr erklärt, dass ich ihr nicht wehtun wollte und dass sie mir wirklich wichtig ist. Unglaublich: Sie antwortete, dass sie mir und Tomas wünscht, dass wir glücklich miteinander werden. Im Unterricht hat sie mir sogar ihren Platz überlassen, damit ich mit Tomas singen konnte. Es war wunderschön (und auch ein bisschen romantisch!).

SIE WEISS ES, UND JETZT WIRD ALLES EINFACHER!

Heute regnet es.

Mir ist nicht nach Rausgehen. Ich hab mit Francesca telefoniert. Sie sagt, sie hat Regen schon immer gehasst. Regen deprimiert sie. Ich mag ihn. Natürlich liebe ich Sonnenschein, ich gehe gern bei strahlend blauem Himmel spazieren, lasse mich auf einer Bank von den warmen Strahlen umarmen. Aber das heißt nicht, dass ich den Regen nicht mag.

Ich liebe **das Prasseln des Regens** am Fenster, dann liege ich einfach da und lausche dem Trommeln der Tropfen auf dem Dach. Dann ist es so warm und gemütlich im Bett. Wenn es regnet, wird alles andere still, **und die Zeit scheint langsamer zu vergehen.** Manchmal glaube ich, dass ich alles hastig mache: aufstehen, duschen, frühstücken, anziehen … Dann bin ich zu spät, renne zur Schule, geh in den Unterricht oder lerne …

Angie wartet unten auf dich.

Aber wenn es regnet,

geh ich alles langsamer an. Ich nehme mir Zeit zum Nachdenken, verwöhne mich. Heute zum Beispiel mache ich mir einen gemütlichen Vormittag. Angie kommt erst um zwölf, vorher muss sie noch was erledigen.

Also bleibe ich schön im Bett, im Schlafanzug, **mit dir, mein liebes Tagebuch, auf den Knien,** die unter der Decke hervorgucken. Ich denke darüber nach, wie sich mein Leben gerade verändert, und muss lächeln. Und nachher, wenn mir nach Aufstehen ist, geh ich in die Küche und backe Pfannkuchen mit Olga.

Heute lasse ich mir Zeit. Und das macht mir gar nichts aus!

Violettas Pfannkuchen

Zutaten für 10 Stück

- 125 g Mehl
- 20 g Zucker
- ½ Teelöffel Salz
- 1 Teelöffel Backpulver
- 1 Ei
- 200 ml Milch
- 25 g Butter, plus etwas mehr zum Braten

1

NIMM 2 SCHÜSSELN.

Mehl, Zucker, Salz und Backpulver in eine Schüssel geben und gut verrühren. In der anderen Schüssel Ei und Milch verquirlen, dann zum Inhalt der 1. Schüssel dazugeben. Vorsichtig verrühren, ein paar kleinere Klumpen sind kein Problem.

2 DIE BUTTER

in einem kleinen Topf zerlassen und an den Teig geben. Eine Bratpfanne erhitzen und ein Stückchen Butter darin zerlassen. Dann den Teig in die Pfanne geben, sodass ein Pfannkuchen von ca. 10 cm Durchmesser entsteht.

3 DEN HERD AUF MITTLERE HITZE SCHALTEN

und aufpassen, dass der Pfannkuchen nicht anbrennt. Sobald sich Blasen bilden, den Pfannkuchen mit einem Pfannenheber wenden.

4

Die zweite Seite muss nur etwa 30 Sekunden braten. Bei Bedarf nochmals wenden, dann auf einen Teller geben und mit Ahornsirup oder flüssiger Schokolade beträufeln (ich nehme immer Schokolade!).

DANN REINHAUEN!

MMM, LECKER!

ES REGNET IMMER NOCH.

Schon seit drei Tagen. Okay, ich glaube, mir reicht's!

Liebes Tagebuch, heute wollte ich mich mit Camilla und Francesca im Park treffen. Wir müssen im Gesangsunterricht ein sehr kompliziertes Stück ein-üben, und wir haben beschlossen, es gemeinsam zu lernen. Aber der Regen hat uns einen Strich durch die Rechnung gemacht. Mist!

HöraufRegenHöraufRegenHöraufRegen
HöraufRegenHöraufRegenHöraufRegen

Liebes Tagebuch, **ich war bei Francesca.** Es war sehr nett von ihr, Camil-la und mich einzuladen. Wir sind in ihr Zimmer gegangen und haben die Tür zugemacht, damit wir singen konnten. Wir haben sehr konzentriert gearbei-tet. Den Song können wir jetzt auswendig. Natürlich haben wir uns nach dem Üben noch unterhalten.

126

Ich war ganz neugierig auf ihr Zimmer. Es ist wunderschön und – wie könnte es anders sein – spiegelt ihre Persönlichkeit perfekt wider. Es ist sehr farbenfroh, so wie sie.

Mein Blick fiel sofort auf ihre Fotos.

Sie hat ganz viele an die Wand geklebt und einige in kleinen, leuchtend bunten Rahmen aufgehängt. Ihr Schreibtisch ist chaotisch, begraben unter Blättern in allen möglichen Farben, dazu Büroklammern in seltsamsten Formen (eine Giraffe war dabei) und stapelweise Notizbücher. Ein Telefon guckte unter den Stifthaltern hervor, und ein paar Stofftiere saßen im Bücherregal. Man sagt, dass die Kleidung eine Menge über die Persönlichkeit sagt. Meiner Meinung nach gilt das noch mehr für ein Zimmer. Und ich habe mich ...

in Francescas Zimmer total zu Hause gefühlt.

Das muss doch was bedeuten, oder?

Jedenfalls … habe ich erfahren, dass Camilla letztes
Jahr ihren ersten Freund hatte. **Ich beneide sie.**

Einen Freund zu haben ist für sie ganz normal. Sie meint, ich soll keine
Angst davor haben. Es ist etwas Wunderbares und Besonderes, gleichzeitig
so natürlich, dass ich mir keine Sorgen machen muss.

Sie hat erzählt, dass sie mit einem Nachbarjungen zusammen war. Sie waren befreundet, und dann wurde plötzlich mehr daraus. Es kam ganz von
selbst, fast wie ein Spiel. Und es war toll, weil es so spontan kam.

DAS SAGT SICH LEICHT,

wenn man die Erfahrung hinter sich hat.

Ich hab schon Angst, nur darüber nachzudenken!

Aber sie meint, wenn es passiert, werde ich mir diese Gedanken nicht
machen. Es passiert, und das ist alles.

Und wer weiß, wann es passiert?

Was ich an der Schule mag?

Die Noten.

Nachdem ich jahrelang nur Privatunterricht hatte, finde ich es toll, **dass ich mich nun beweisen muss.** Was ich damit meine? Ich kannte die Spannung bisher nicht, die man fühlt, wenn ein Lehrer mit dem Finger die Namensliste entlangfährt, um jemanden zum Prüfen auszuwählen.

Plötzlich schauen alle nach unten, um die Aufmerksamkeit nicht auf sich zu lenken. Camilla sagt, dass die Auswahl nicht zufällig ist, aber wahrscheinlich tun sie so, damit wir immer damit rechnen, geprüft zu werden …

Jedenfalls schreckt man zusammen, wenn man seinen Namen hört, **selbst wenn man perfekt vorbereitet ist.** Das passiert einem im Privatunterricht nicht. Klar, im Grunde ist man da immer an der Reihe, weil man ja allein ist. Aber die Atmosphäre ist anders. Wenn man etwas nicht weiß, lernt man es eben für den nächsten Tag. Keine Noten, keine Probleme.

Heute landete der Finger des Lehrers jedenfalls bei mir und Camilla.

ICH BIN TOTAL ZUSAMMENGEZUCKT ...

... als Mr Beto meinen Namen sagte! Camillas Gesicht sprach Bände: völlige Unsicherheit. Ich konnte die Frage in ihren Augen sehen: „Wie soll das bloß ausgehen?"

Aber dann haben wir uns angelächelt und bei den Händen genommen. Wir haben gesungen, als wären wir noch in Francescas Zimmer, ohne Zuschauer und ohne Notendruck. **Wir waren richtig gut** und haben eine Eins plus bekommen! Nicht schlecht, oder?

Vilu, du bist eine Katastrophe!

Tomas hat versucht mich zu küssen ... ich bin weggelaufen!

FEIGLING
FEIGLING
FEIGLING!

Es war zu viel für mich. Als er sich mir näherte, lief ich einfach davon. Was er jetzt wohl von mir denkt? Wahrscheinlich, dass ich völlig daneben bin! WAS SONST? ES STIMMT JA!

WARUM HAB ICH IHN NICHT GEKÜSST? ICH-WEISS-ES-NICHT!

Ich hatte Angst. Es wäre **mein erster Kuss** gewesen, aber ich war nicht bereit dafür. Als ich nach Hause kam, hat mir Angie sofort angesehen, dass etwas nicht stimmte. Wie gut sie mich schon kennt! Ich hab mit ihr geredet. Es hat so gut getan, alles zu erzählen. Sie meinte, es ist total normal, davor Angst zu haben; ihr ist es genauso ergangen.

Wir haben Angst, dass wir nicht wissen, wie es geht. Wir denken zu viel darüber nach, ständig, und wenn der Zeitpunkt gekommen ist, sind wir überwältigt von Gefühlen. Das ist das genaue Gegenteil von dem, was Camilla gesagt hat, dass es so natürlich wäre. Einfach, spontan?

Ganz und gar nicht!

Angie ist überzeugt davon, dass ich Tomas nicht küssen wollte, weil ich noch nicht bereit dafür bin. Und vielleicht hat sie recht.

Aber wie kann das sein?

Wann ist der richtige Zeitpunkt?

Wird Tomas sich bis dahin eine andere suchen? Angie sagt, wenn er mich wirklich mag, dann wartet er. Ich muss ihr glauben, sonst drehen sich immer wieder dieselben Fragen die ganze Nacht lang in meinem Kopf, obwohl ich jetzt schlafen muss. Ich will an gar nichts denken! (Wenn ich Jade wäre, würde das bestimmt klappen!)

Gute Nacht, Violetta!

Hoffentlich sehe ich ihn morgen nicht, dann kriege ich nämlich bestimmt einen knallroten Kopf … Was die anderen wohl denken werden?

Katastrophe, Katastrophe, Katastrophe!

HEUTE NACHT HABE ICH WIEDER VON TOMAS GETRÄUMT.

Im Traum habe ich ihn geküsst. Es war ein schöner, romantischer, sehr besonderer Kuss. Warum ist im Traum immer alles so viel einfacher?

Warum hab ich ihn bloß nicht im richtigen Leben geküsst?

☆★★★☆

Liebes Tagebuch, heute bin ich mit meinen Freundinnen in einem Musikgeschäft gewesen. Bisher war ich noch nie allein in der Innenstadt von Buenos Aires. „Ich treffe mich mit Francesca und Camilla", habe ich Papa erklärt.

Das hat seine Alarmglocken nicht läuten lassen. Schließlich sind es Mädchen, und ich habe vor ein paar Tagen mit ihnen geübt. Warum sollte ich mich da nicht heute mit ihnen treffen?

Toll.

Wir sind vor der Schule in den Bus gestiegen und in die Stadt gefahren. Stark befahrene Straßen kreuzen dort eine Fußgängerzone mit schmalen Gassen, in denen buntes Treiben herrscht. Die Gebäude sind groß und beeindruckend, Bäume und Blumen weichen allmählich grellen Leuchtschildern.

Francesca und Camilla schien das alles nichts aus-
zumachen. Ich aber war nach fünf Minuten schon völlig ori-
entierungslos durch all die Farben und Geräusche. Wir haben uns zusammen die Schaufenster angesehen. Dann sind wir in ein Kosmetikgeschäft
gegangen (Francesca ist dort Stammkundin), wo ein Freund ihres Bruders
arbeitet. Wir haben die neuesten Nagellacke ausprobiert.

Lila, Grau und Kanariengelb sind die Farben dieses Jahres!

Also mussten wir sie natürlich kaufen. Jede eine Flasche, und schon waren wir zufrieden. Ich habe den Gelben gekauft! Wir hatten viel Spaß, und
zum ersten Mal in meinem Leben …

habe ich eine Shoppingtour gemacht – wie eine ganz normale Sechzehnjährige!

Dann sind wir Erdbeer-Milchshake trinken gegangen. Und da haben Francesca und Camilla ...

mich gefragt, wie es mit Tomas läuft.

Natürlich wollte ich nicht so gern darüber reden. Francesca meinte, ich solle mir ihretwegen keine Gedanken machen, aber mir war trotzdem nicht danach, ihr von meinem ersten Fast-Kuss zu erzählen.

KOMPLIZIERT

Ich habe dann mit einem simplen und langweiligen „Alles okay" geantwortet.

Dann habe ich das Thema auf Leon gebracht und darauf, wie nett und attraktiv er ist. Ich weiß auch nicht genau, was ich damit erreichen wollte. Vielleicht habe ich versucht, an der Reaktion der beiden herauszufinden, was mit mir los ist. Ich weiß es nicht. Camilla meinte jedenfalls irgendwann,

dass ich plötzlich so rede,
als würde ich auch auf Leon stehen.

Ich war total überrascht. Fange ich etwa an, mich für ihn zu interessieren? Kann man doppelt verknallt sein?

TOMAS

mag ich jedenfalls am meisten. So viel weiß ich.

PS: Ich hab mir eine tolle CD gekauft und kann es kaum erwarten, sie zu hören!

Kapitel 8

Schwierige Entscheidungen

Ich hab ein Date mit Tomas!

Ein echtes Date. Er plant jede Einzelheit, damit es wirklich was Besonderes wird. Das hat mir Camilla verraten. Eigentlich durfte sie das nicht. Sie musste Tomas versprechen, dass sie mir ...

nichts sagt.

ABER SIE HAT'S MIR TROTZDEM VERRATEN.

(ICH LIEBE MEINE FREUNDE!)

Tomas hat ihr aufgetragen, mir eine Million Fragen zu stellen: Welche Blumen mir gefallen, welche Musik ich höre, was mir gefällt, was nicht ... kurz gesagt, er wollte alles über mich wissen.

WER WEISS, WAS ER VORHAT!?!?!

Ich würde alles dafür geben, es jetzt schon zu erfahren.
Ich wünschte, es wäre schon so weit!
Aber ich muss warten ... Ich war noch nie sehr
geduldig, wie soll ich das nur aushalten?

Ich bin so aufgeregt.
Ein echtes Date mit einem Jungen:

Hilfe!!!

ICH MUSS MICH AN DEN GEDANKEN GEWÖHNEN!

ICH MUSS MICH VORBEREITEN!

Wie zieht man sich denn an beim

ersten Date?

Und was sagt man?

Wie verhindert man das nervöse Zittern?

Ich glaube, ich ruf lieber Camilla an, bevor ich hier Seite um Seite mit

Fragen fülle, auf die ich sowieso keine Antwort weiß!

Regeln fürs ERSTE DATE

von Camilla

ICH HABE SIE ANGERUFEN ☺

Regel eins

Zieh dich so an, dass du dich wohlfühlst.

NEIN: übertrieben schick

JA: Lieblingsklamotten

Regel zwei

Nimm wie immer nur ein bisschen Make-up. Ein Date ist nicht der richtige Zeitpunkt, neue Farben auszuprobieren. **GEH AUF NUMMER SICHER.** Schmink dich, aber nicht mit leuchtendem Lippenstift, erstens sieht es angemalt aus, und zweitens brauchst du deine Lippen ja vielleicht noch …

Regel drei
MACH DAS HANDY AUS.

Es kommt gar nicht gut, wenn du alle zwei Minuten gestört wirst. Beim Date geht es um Zweisamkeit, nicht ums Chatten oder Telefonieren.

Regel vier
SEI DU SELBST.

Du willst natürlich einen guten Eindruck machen, aber es bringt nichts, sich zu verstellen. Am Ende merkt er es sowieso.

Regel fünf
SPRECHT ÜBER EUCH.

Das erste Date ist nur für euch beide da. Die beste Gelegenheit, SICH BESSER KENNENZULERNEN!

Liebes Tagebuch, das Gespräch mit Camilla hat mich etwas beruhigt. Sie hat ja recht:

Tomas ist auch ein Freund.

Ich muss also nicht in Panik geraten. Wir verstehen uns, er bringt mich zum Lächeln, ich mag ihn. Ich muss mich einfach nur so verhalten wie immer.

Camilla hat mit Francesca gesprochen. Darüber, dass ich ein Date mit Tomas habe. Sie meint, ich soll mir keine Gedanken mehr wegen ihr machen, aber ich muss immer wieder daran denken. Ich hoffe, dass es für sie tatsächlich okay ist.

Ich habe Angst, dass sie das nur sagt, damit ich mich besser fühle. Ich hätte ihr das mit dem Date natürlich nicht sagen müssen, aber ich hab's trotzdem getan. Besser, sie hört es von mir selbst. Sonst wirkt es so, als wollten wir, Tomas und ich, es vor ihr verheimlichen. Ich weiß nicht, wie ich an ihrer Stelle reagieren würde.

Warum kann sie nicht in Leon verknallt sein statt in Tomas?

Ich verstehe einfach nicht, wie sich alles

PLÖTZLICH VERÄNDERN KANN.

Gerade eben fühle ich mich, als könnte ich nach den Sternen greifen, und dann liege ich plötzlich am Boden.

Liegt es an mir, täusche ich mich selbst? Oder sind Jungs einfach unberechenbar?

Vielleicht beides. Aber ich fände es wirklich schön, wenn alles wenigstens ab und zu mal geradlinig, einfach und normal verlaufen würde. Stattdessen sitze ich wohl weiter in der Achterbahn.

Ich halte es nicht mehr aus.

Anscheinend hab ich heute doch nicht mein erstes Date.
Tomas hat mir eine Nachricht geschickt, nur ein paar Worte.
Er will mich nicht mehr sehen!

Das ist die Nachricht:

„Hi Violetta, wir können uns heute nicht treffen. Es ist vorbei!"

VORBEI???

Warum hab ich ihn nicht geküsst?

Ich dachte, wir hätten alles geklärt. Ich dachte, er hätte es verstanden, als ich ihm erklärte, dass ich Angst vor meinem ersten Kuss hatte. **Er war sehr süß** und meinte, dass wir uns einfach weiter treffen und ich mir keine Gedanken ums Küssen machen sollte, denn er wolle nur, dass ich mich wohl-fühle mit ihm. Und natürlich …

Ich bin dahingeschmolzen.

(Auch wenn ich ihm das
nicht gezeigt habe.)

Was er sagte, war genau das Richtige für mich. **Aber seine Nachricht hat nun alles zerstört.** Hätte er nur geschrieben „Date verschoben" oder einen anderen Termin vorgeschlagen. Nichts dergleichen.

ES IST VORBEI. WARUM?

WARUM?

Ich habe mich getäuscht. Er hat mich getäuscht.
Alles ist so schwierig mit ihm.
Ich bin müde. Sooo müde.

Vielleicht wäre alles einfacher, wenn Leon mir besser gefallen würde.

Ooooh ... ich bin so traurig.

Manchmal muss man seine Sichtweise ändern …

BLICKWINKEL ÄNDERN

Tausend Fragen gehen mir durch den Kopf. Ich wollte nicht mit Camilla darüber reden und schon gar nicht mit Francesca. Ich brauchte eine andere Meinung, deshalb habe ich Maxi um Rat gefragt.

Wer versteht besser, was in einem Jungen vorgeht, als ein anderer Junge?

Ich dachte, als Exemplar der gleichen Gattung könnte er vielleicht meine Fragen beantworten.

Aber er hatte absolut keine Idee, warum

TOMAS SEINE MEINUNG GEÄNDERT HAT.

Habe ich etwas Blödes gesagt? NEIN.

Habe ich mich ihm gegenüber anders verhalten? NEIN.

Hat er sich in eine andere verliebt? KEINE AHNUNG.

Steckt er in Schwierigkeiten? KEINE AHNUNG.

Maxi kommt es seltsam vor, dass sich jemand wie Tomas so plötzlich und unerwartet zurückzieht. Jungs sind anders als Mädchen. Er hat mir versichert, dass es keinen Grund gibt, sich Sorgen zu machen. Dass Tomas seine Meinung geändert hat, liegt bestimmt nicht daran, dass ich etwas getan oder nicht getan habe (ihn küssen). **Er hat einfach genug.** (Genug? Wovon denn? Liegt ihm denn so wenig an mir? Hat Maxi recht? Ändern Jungs wirklich so schnell ihre Meinung?)

Maxi findet uns Mädchen komisch. Er meint, wir schaffen uns selbst sinnlose Probleme. Wir denken zu viel nach, wenn wir eigentlich handeln sollten (da hat er recht!). **Seiner Meinung nach soll ich aufhören, über Vergangenes nachzudenken.** „Konzentrier dich auf was anderes, Violetta! Komm schon, es gibt doch bestimmt noch andere, die dir gefallen. Vergiss Tomas, schau dich um!"

Aber wissen Jungs denn gar nicht, was Liebe ist? Weiß Tomas, wie beschämt, im Stich gelassen ich mich fühle und wie wütend ich bin?

Wie soll ich da an WAS ANDERES denken?

Wie soll ich so tun, als ob ALLES OKAY wäre?

Und vor allem: WIE SOLL ICH IHN VERGESSEN?

☆★★☆

Oh, Mama,

manchmal frage ich mich, wie die Dinge lägen, wenn du noch hier wärst.
Würde ich dir von Tomas erzählen? Würden wir uns einander anvertrauen? Uns alles erzählen? Ich denke ja.

Ich glaube, ich würde dich um Rat bitten.
Ich glaube, ich würde mich bei dir ausweinen,
wenn ich von der Welt verlassen bin.

Ich würde meinen Kopf in deinen Schoß legen. Du würdest mir über das Haar streichen und mir zärtlich sagen, dass ich mir keine Sorgen machen soll, dass Jungs seltsam sind, aber keine bösen Monster.

Du würdest mir sagen,

dass ich mit ihm reden und ihn um eine Erklärung bitten soll. Dann würde ich dich anschauen und den Kopf schütteln. Nein, Mama, ich will nicht mit ihm reden.
Er hat mich im Stich gelassen.

Und **du hättest Verständnis.** Dann würden wir in die Küche gehen und dampfend heiße Schokolade trinken.

Du würdest lachen, das Thema wechseln, und ich würde für einen Augenblick abgelenkt sein von allem, was mich traurig macht. Ich würde mit dir lachen und wäre froh, dass du bei mir bist.

Und dann **würde ich dich umarmen,** bevor ich zum Lernen in mein Zimmer ginge, denn ich schäme mich nicht, dir zu zeigen, wie sehr ich dich liebe.

Ich weiß nicht, wie mein Leben aussehen würde, wenn du noch da wärst. Aber so stelle ich es mir gern vor.

Ich benehme mich, als sei nichts passiert. Ich gehe zur Schule, als hätte

TOMAS

nicht mein Herz gebrochen.

Ich lerne, rede in der Pause mit meinen Freunden, renne zum Unterricht, wenn der Gong ertönt. Ich lächle, antworte auf die Fragen der Lehrer, ich singe.

ICH SCHAFF ES SOGAR, MICH ZU KONZENTRIEREN … MEHR ODER WENIGER.

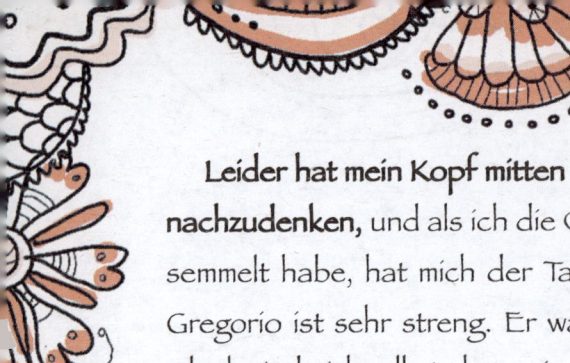

Leider hat mein Kopf mitten im Tanzunterricht beschlossen, über Tomas nachzudenken, und als ich die Choreografie zum zehnten Mal deshalb versemmelt habe, hat mich der Tanzlehrer Gregorio zum Direktor geschickt. Gregorio ist sehr streng. Er war wirklich übertrieben gemein zu mir. Zum Glück sind nicht alle Lehrer wie er …

Und zum Glück ist Pablo der Schulleiter. Pablo ist einer der verständnisvollsten und gerechtesten Menschen, die ich kenne. Wäre er nicht Direktor, hätte ich ihm gesagt, warum ich so abgelenkt bin vom Tanzen. Natürlich hab ich es für mich behalten, aber Pablo hat trotzdem gemerkt, dass ich nicht so war wie sonst. Ganz im Vertrauen sagte er mir, dass ich mich unbedingt konzentrieren soll, da Gregorio nur auf einen Grund wartet, seinen Schülern das Leben schwer zu machen … und das habe ich, meint Pablo, nicht verdient.

Aber er hat recht, **ich darf mich nicht so von meinen Problemen vereinnahmen lassen.** Die Schule und meine Zukunft sind wichtiger als Liebeskummer. Meine Hand glaubt das auch voll und ganz, während ich dies schreibe. Mein Kopf ist sich noch nicht sicher.

Und warum ist mein Herz nicht einverstanden?

☆ ★ ★ ★ ☆

Nach der Schule kam Leon vorbei, um zu sehen, wie es mir geht. Er hat gemerkt, dass ich traurig bin. Aber er hat mich gar nicht ausgehorcht, sondern zum Eisessen in die Restó Bar eingeladen, ein Café, das Francescas Bruder Luca gehört. Er meinte, egal was mich beschäftigt,

eine Kugel Schokoladeneis mit Sahne ist genau das, was ich brauche.

Wir haben stundenlang geredet. Uns über Musik unterhalten und unsere Lieblingsbands, die Schule und darüber, wie streng manche Lehrer sind, über Freunde und die Absolventen von Studio 21, die jetzt eine erfolgreiche Showkarriere starten. Über Bücher, die wir zuletzt gelesen haben. Wir haben uns so mühelos und spontan unterhalten … Es war so, als würde ich Leon schon länger kennen als nur ein paar Wochen. Es ist schön, mit ihm befreundet zu sein. Ich frage mich, ob es auch so schön wäre, ihm mein Herz zu schenken … Ich weiß nicht, ob es an der Schokolade oder an ihm lag, aber als ich nach Hause kam, ging es mir viel besser, und Tomas war aus meinem Kopf verschwunden.

Ich habe mit Leon gesungen! Es war sensationell, unglaublich. Ich bin so verwirrt. Ich dachte, ich fühle nur etwas für Tomas, aber

Leon mag ich auch.

Wie ist das möglich? Nein, Schmetterlinge im Bauch habe ich nicht, meine Gefühle für Tomas sind anders, vielleicht stärker … Aber mit ihm ist es immer so kompliziert. Und …

MIT LEON IST ALLES EINFACH.

Vielleicht sollte ich auf den Teil von mir hören, der Leon mit anderen Augen sieht. Vielleicht sollte ich mich besser auf ihn konzentrieren. Vielleicht würde ich dann nicht so leiden. Ich weiß nicht. Ich weiß nicht mal, wie es sein kann, dass ich zwei Jungs gleichzeitig mag, wenn auch nicht auf die gleiche Weise …

Und trotzdem …

Leon

Violettas Liste
VOR- UND NACHTEILE

Tomas

Vorteile

Er ist total süß.

Er lässt mein Herz höher schlagen.

Er engagiert sich für das, was er tut.

Nachteile

WEISS NICHT, OB ER ES ERNST MEINT.

Papa mag ihn nicht.

Leon

Vorteile

Er ist süß.

Bringt mich zum Lachen.

Er ist ein guter Freund.

Papa mag ihn.

Nachteile

ICH MAG IHN NICHT SO,

WIE ICH TOMAS MAG.

Camilla sagt, dass es gut möglich ist, zwei Jungs zu mögen. Ihr ist das auch schon passiert. Sie findet, ich muss mir keine Gedanken darüber machen, wen ich wählen soll.

Wenn die Gefühle durcheinander sind,

hat es keinen Sinn, vernünftig zu sein oder sogar Listen aufzustellen.

Camilla meint, ich soll einfach mal schauen, wie sich die Dinge **ENTWICKELN.** Abwarten, was passiert, bis ich weiß, wen ich lieber habe, ohne darüber nachzudenken.

Aber ich weiß ja schon, wen ich lieber habe. Tomas. Andererseits bin ich so gern mit Leon zusammen. Francesca hat dazu eine ganz andere Meinung als Camilla.

Sie findet, ich muss mich **UNBEDINGT** entscheiden.

Dann hat sie angefangen, in den höchsten Tönen von Leon zu schwärmen. Dass er der bestaussehende Junge ist, der talentierteste, der charmanteste. Sie macht das natürlich, damit ich mich für Leon entscheide.

WAS SOLL ICH SAGEN?

SIE STEHT IMMER NOCH AUF TOMAS, UND ICH GLAUBE SOGAR SEHR!

Das Problem ist, dass es mir genauso geht.

ICH HABE MICH ENTSCHIEDEN,
mich nicht zu entscheiden.

Besser gesagt, ich entscheide mich, allein zu bleiben. Das ist im Moment das Beste.

☆★★☆

Das Casting

für das jährliche Schulmusical hat begonnen.
(Wie die Zeit rennt!) Die Show wird einfach fantastisch. Die Hauptfigur ist
ein Model mit Liebeskummer. Sie liebt einen Mann, der jeden Tag am Schaufenster ihres Ladens vorbeikommt. Sie weiß aber, dass sie ihn nicht lieben
darf. Aber schließlich überzeugen ihre Freunde sie, dass das Gegenteil wahr
ist: Man darf Liebe nicht aufgeben. Schön, was?

Klar, für sie ist es einfach, **sie weiß ja, wen sie liebt ...**
Natürlich würde ich gern die Hauptrolle spielen, aber ich werde trotzdem
nicht zum Casting gehen.

PAPA DARF NICHT HERAUSFINDEN, dass ich hinter seinem Rücken ins STUDIO 21 gehe.

Als ich klein war, träumte ich davon, Friseurin zu werden.

Manche kleinen Mädchen wollen sich um Tiere kümmern, und manche kleinen Jungs träumen davon, ins Weltall zu fliegen. Ich wollte Menschen stylen: seltsame Frisuren kreieren, lange Haare flechten, neue Haarmoden erfinden.

Meine Puppen waren meine „Opfer". Ich habe meine künstlerischen Friseurträume an ihnen ausprobiert. Ich setzte sie alle nebeneinander und verpasste ihnen dann der Reihe nach eine neue Frisur. Manchmal sogar einen neuen Schnitt und – mit Filzstiften! – eine neue Haarfarbe.

Eines Tages hörte ich damit auf.

Irgendwann verschwand der Kindertraum und wurde durch meinen wahren Traum ersetzt ...

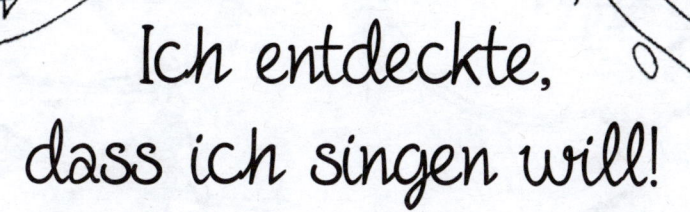

Ich entdeckte,
dass ich singen will!

Das ist ein sehr ehrgeiziger Traum, der schwer zu verwirklichen ist. Aber ich bin voller Hoffnung und Fantasie. Meine Puppen mit den bunten Haaren waren mein Publikum, wenn ich in der Mitte des Teppichs stand und sang. Meine Haarbürste war das Mikrofon.

Ich singe schon von klein auf!

Abends vor dem Zubettgehen trödelte ich im Badezimmer herum: **Ich stellte mich auf einen Hocker vor den Spiegel und sang in meine Haarbürste.** Ich erfand Songtexte und versuchte, berühmte Sänger zu imitieren. So lernte ich, Melodien nachzusingen. Und ich gurgelte gerne, um den Hals freizubekommen.

Ich hatte damals denselben Traum, den ich noch heute im Herzen trage.

☆★★★☆

DIE HOCHZEITSPLANUNG von Papa und

Jade geht voran. Es ist verrückt, aber sie versucht, mich in die Organisation mit einzubeziehen. Plötzlich stand sie mit einem Katalog in meinem Zimmer, um die Servietten- und Blumendeko für den Empfang zu planen. Findet sie es wirklich richtig, mich nach meiner Meinung zu fragen?

Will sie wirklich wissen, **WAS ICH DENKE?**

Dass ich sie nicht rausgeworfen habe, liegt nur daran, dass ich so höflich bin. Das Einzige, wozu ich in Sachen Hochzeit in der Lage wäre, ist ...

ALLES ZU RUINIEREN!!!

☆★★★☆

Ludmilla ...
Ich kann sie nicht leiden!

WIESO BEGREIFT NIEMAND, WAS FÜR EIN MENSCH SIE WIRKLICH IST?

WIE KANN MAN IMMER UND JEDERZEIT NUR SO DARAUF AUS SEIN, IM MITTELPUNKT ZU STEHEN?

WIE KANN MAN NUR SO OBERFLÄCHLICH, STREITLUSTIG UND GEMEIN SEIN?

LEON WAR LANGE MIT IHR ZUSAMMEN! WAR IHM WIRKLICH NICHT KLAR, MIT WEM ER DA SEINE ZEIT VERBRINGT?

Heute, nach der x-ten Beleidigung, habe ich mich endlich gewehrt. Es ist mir geglückt, sie wirklich zu treffen! Normalerweise habe ich ein schlechtes Gewissen, wenn ich mit jemandem nicht auskomme, aber heute fühle ich mich richtig befreit. Denn endlich, zum ersten Mal seit ich sie kenne, habe ich ihr einen Riegel vorgeschoben. Ich habe gesagt, was ich denke, ohne schüchtern oder unsicher zu sein. Ich weiß nicht, ob es daran liegt, dass ich erwachsen werde. Vielleicht ist das jetzt immer so.

ZU MIR SELBST ZU STEHEN TUT RICHTIG GUT!

☆★★★☆

Heute ist Samstag. **Angie und ich haben eine endlos lange Liste aufgestellt** mit Dingen, die wir problemlos unter der Woche hätten erledigen können, die wir aber bis heute aufgeschoben haben, wer weiß warum. Angie meint, das ist …

typisch Mädchen.

Einerseits organisieren, alle Termine im Kopf behalten, aber dann keine Zeit haben und alles bis zum freien Tag aufschieben. Als wäre es in die weibliche DNA eingeschrieben, dass …

wir immer noch etwas in der Warteschleife haben.

Ich bin zwar anderer Ansicht, weil ich samstags gern bis Mittag schlafe und nichts vorhabe, aber Angie hat gelacht und meinte, sich im Bett wälzen, Musik hören, Tagebuch schreiben oder lesen sei ja auch eine Freizeitbeschäftigung.
Ich finde trotzdem, sie hat unrecht, und das werde ich ihr beweisen. Aber nicht heute! Heute müssen wir wirklich viel erledigen, also hat Angie gewonnen.

To-do-Liste für heute

EINKAUFSZENTRUM
neue Gesichtscreme

DROGERIE
Halsbonbons

POST
Päckchen abholen

SCHNEIDER
das gesäumte Kleid abholen

SECONDHAND-BUCHLADEN
alte Bücher zurückbringen, neue kaufen

Ich hoffe nur, ich treffe niemanden, den ich kenne!
Und mit „niemanden" meine ich Tomas oder Leon.

Heute will ich an keinen
der beiden denken.

FRANCESCA FINDET, ICH SOLL BEIM CASTING MITMACHEN,

weil ich perfekt sei für die Hauptrolle. Ist sie nicht süß? **Aber es geht trotzdem nicht.**

PAPA WÜRDE AUS ALLEN WOLKEN FALLEN.

Er darf nicht herausfinden, dass ich mich an der Schule angemeldet habe. Und vor allem darf er nicht wissen, dass ich Sängerin werden will, **wie Mama.** Denn er hat Angst, dass ich in ihre Fußstapfen trete. Bühne, Theater, Gesang. Wegen dieser Dinge haben wir sie seiner Meinung nach verloren. Denn wenn sie an dem Abend kein Konzert gehabt hätte, wäre sie zu Hause geblieben und hätte keinen Unfall gehabt.

Warum muss mein Vater mich nur immer so auf die Palme bringen?

Egal, vergiss das alles, liebes Tagebuch. Ich werde am Casting teilnehmen. Ich will singen, ich muss singen, ich will meine Gefühle ausdrücken können, und **das Singen ist der einzige Weg.**

Singen ist das, was ich bin.

Ich werde meinem Herzen folgen, und ich bin sicher, dass Papa das eines Tages verstehen wird. Jetzt ist alles klar: Ich habe das Casting absolviert und **ich bin dabei!** Singen ist mein Leben. Und mit Tomas zu singen ist einfach das Größte für mich ...

Ich kann einfach nicht leugnen, was ich seit dem ersten Moment für ihn empfinde! Ich möchte Leon nicht enttäuschen, das wollte ich nie. Aber ...

HEUTE ENTSCHEIDE ICH MICH FÜR

TOMAS

Wenn wir zusammen singen, gibt es nichts anderes mehr. Ich will es ihm sagen. Und ich will mit ihm zusammen sein.

☆★★★☆

Kapitel 9

Das bin ich

Ich fühle mich so schrecklich.

Fühlt man sich so,
wenn man verliebt ist?

Mein Magen zieht sich wie ein Knoten zusammen, wenn ich an Tomas denke, ich kann nichts mehr essen. Olga macht sich richtig Sorgen, sie denkt, ich habe die Grippe. Vielleicht sollte ich ihr sagen, es ist die LIEBE!

Tomas hat mich noch mal gefragt, ob ich mich mit ihm treffen will, und diesmal kann nichts unser erstes Date verhindern. Ich zähl die Minuten und Sekunden, bis der Tag endlich da ist. Er hat mir keine Absage geschickt, und heute in der Schule haben wir uns begrüßt wie zwei aufgeregte Kinder unterm Weihnachtsbaum.

„Bis morgen, okay?"

Wir mussten beide lachen. Ich bin gespannt, was wir machen, wohin wir gehen und worüber wir uns unterhalten werden.
DIESE GEFÜHLE SIND WUNDERSCHÖN!

TOMAS

GEHT ZURÜCK NACH SPANIEN!!!

Ich kann es nicht glauben.

Jetzt, da wir endlich unser erstes Date haben. Jetzt, da ich beschlossen habe, mich nicht mehr zurückzuhalten.

JETZT, DA ICH IHN SO MAG.

Er muss zurück nach Madrid, denn sein Vater hat seine Arbeit hier in Buenos Aires verloren.

Warum geschieht das alles mir?

Vielleicht kann ich meinen Vater bitten, Tomas' Vater einen Job in seiner Firma zu besorgen, damit sie nicht weggehen müssen! Ja, das klingt nach einem …

GENIALEN PLAN!

Er hat Schluss gemacht. Wir können nicht zusammen sein. Er will nicht, dass ich leide, weil er mich im Stich lässt. Leon hatte mir gesagt: Du wirst leiden wegen Tomas.

Er hatte recht.

Mein erster Kuss

Leon hat mich geküsst!
Ich schloss die Augen, und seine Lippen
berührten meine!!
Es war berauschend ...

SELTSAM :)

Ich hätte nicht gedacht, dass er mich auf diese Art mag. Na ja, ich wusste schon, dass ich ihm nicht völlig egal bin, aber ein Kuss ... ich war total von den Socken.

Es war sehr schön.

Kannst du das glauben?

DAS WAR MEIN ERSTER KUSS!!!!!!

Ich habe Schmetterlinge im Bauch. Ein Gefühl von Freude gemischt mit ein bisschen Panik ...

Ich habe Leon geküsst. Ich hätte nie gedacht, dass ich meinen ersten Kuss von ihm bekomme. Okay, er hat mich überrumpelt. Er bat mich, die Augen zu schließen, und dann berührte er meine Lippen mit seinen.

War es richtig von mir, ihn zurückzuküssen?

Was soll ich bloß machen? **Soll ich so tun, als wäre nichts passiert?** Muss ich ihn beim nächsten Treffen wieder küssen? **Wird er mich anrufen?** Was, wenn er es bereut? **Soll ich meinen Freunden von dem Kuss erzählen?** Wie soll ich mich Tomas gegenüber verhalten? **Und warum denke ich an Tomas, wenn ich doch Leon geküsst habe?**

Warum glaube ich,

DASS ICH TOMAS UND NICHT LEON HÄTTE KÜSSEN SOLLEN??????????

Ich habe Tomas gesagt, dass ich ihn niemals vergesse und dass ich ihn vermissen werde, aber dass er recht hat: Wir können nicht zusammenbleiben. Es ist wohl das Beste so, wenn man überlegt, wie sich die Dinge entwickelt haben.

WARUM GEHT ES MIR DANN SCHLECHT?

Angie hat mit mir einen Ausflug in ein wunderschönes Theater gemacht. Auf der Bühne – mit Blick auf die leeren Sitzreihen, das Licht auf mich gerichtet, das Holz unter meinen Füßen – habe ich ein bisschen Frieden gefunden, und meine Sorgen schmolzen dahin. Ich bin es satt, mir den Kopf darüber zu zerbrechen, was andere denken und wollen. Früher oder später werde ich auf dieser Bühne stehen und meinen Traum verwirklichen.

Mein Platz auf der Welt ist das Theater.

Die Verlobungsfeier von Papa und Jade fällt auf den gleichen Abend wie die Schulaufführung!

Liebes Tagebuch, wie viel Pech kann man eigentlich haben? Vielleicht ist das mein Schicksal, denn meinem Vater würde es das Herz brechen, mich auf der Bühne zu sehen. Aber morgen ist der große Tag. In der Schule reden wir von nichts anderem mehr. Alle wirbeln herum, um rechtzeitig fertig zu werden. Die letzten Handgriffe am Bühnenbild, die letzte Kostümprobe, Make-up, Frisuren. Mir ist es wirklich schwergefallen, die Proben vom Zuschauerraum aus zu beobachten. Ich hätte die Hauptrolle spielen und allen zeigen können – vor allem mir selbst –, dass die Bühne meine Welt ist. Aber …

Camilla, Francesca und Maxi versuchen die ganze Zeit,

MICH UMZUSTIM-MEN

Ich habe ihnen erklärt, dass ich meinen Vater nicht hintergehen kann. Er ahnt ja gar nichts und wäre bestimmt völlig schockiert, mich auf der Bühne zu sehen. Die drei schienen das zu verstehen, aber Camilla meinte, ich hätte doch bloß Lampenfieber. Dabei wünsche ich mir nichts sehnlicher, als dort oben auf der Bühne zu stehen. Nur, ich wage kaum, das laut zu sagen.

Denn das eigentliche Problem ist ...

ICH HAB MICH NICHT GETRAUT, MIT PAPA ZU SPRECHEN.

OK,

ich will Papa nicht beunruhigen, das ist klar.

Aber wir haben miteinander gesprochen. Ich habe es zwar nicht geschafft, ihm zu gestehen, dass ich im Studio 21 studiere und im Musical auftreten will, aber er hat immerhin gesagt, dass er nur dann glücklich ist, wenn ich es bin. Das bedeutet dann wohl, dass ich glücklich sein soll, also ...

werde ich auftreten!

Jetzt muss ich mich beeilen, damit ich pünktlich bin! Ich werde das erste Mal in meinem Leben vor großem Publikum auftreten! Ich werde auf der Bühne singen! Meine Stimme wird die Aula erfüllen, und ich werde das vortanzen, was ich so lange geübt habe. Arme, Beine, Stimme werden eins. Und ich werde glücklich sein.

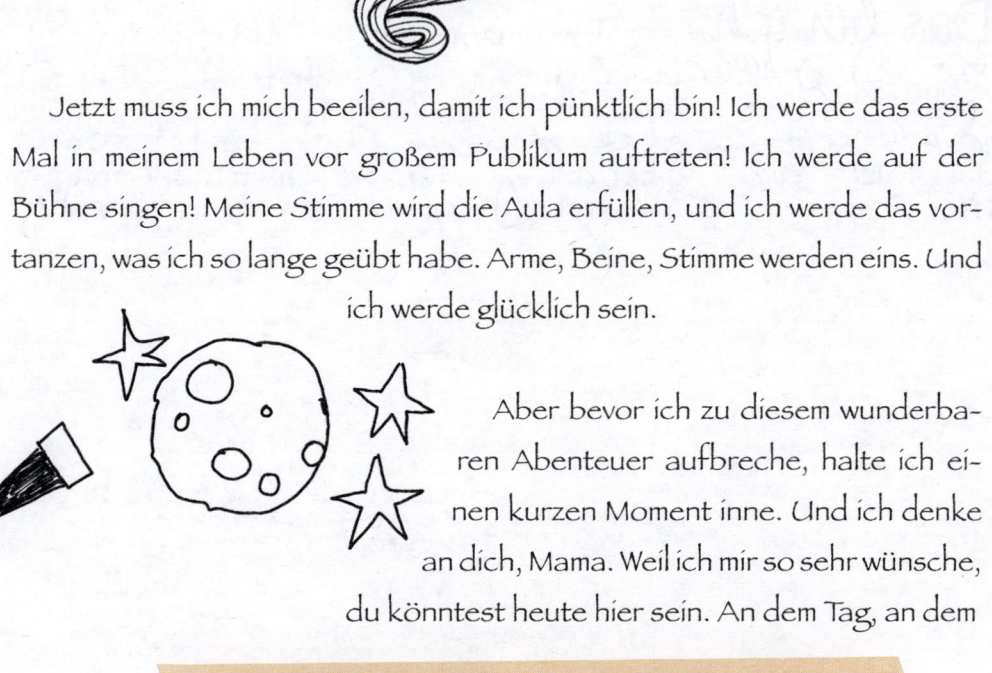

Aber bevor ich zu diesem wunderbaren Abenteuer aufbreche, halte ich einen kurzen Moment inne. Und ich denke an dich, Mama. Weil ich mir so sehr wünsche, du könntest heute hier sein. An dem Tag, an dem

ICH ERKENNE, WER ICH BIN.

Ich weiß jetzt, was vor mir liegt.

Ich werde mit Papa sprechen, und er wird mich verstehen. Er wird mich unterstützen und begreifen, dass ich ihn brauche.

Zum ersten Mal fühle ich mich nicht allein.

Der Vorhang wird bald aufgehen ...

Das bin ich.

Das bin ich.

Ich bin Kathy Novak bin 9 Jahre alt. Wohne in der Goethestr. 9 01744 Dipps

Hallo liebes Tagebuch 12.12.16
heute gehen wir zu m unseren Papa er hat gesagt das er eine Überraschung für uns hat. Ich frag mich was es ist?? Wir machen gleich los bis bald.

Restarante

Mich

Sprite + Fanta gemi
Vorspeise
gurgen salat

2.
Nuggets Po halb

3.
Eis schoko schlampf

Tanz gruppe

	Ja	Nein
Lina	✓	
Sophia	✓	✓
Nico		
Melanie	✓	

Little Mix ♡? ♡?

1. Black Magic 2. LOVE Me like you 3. Weird People 4. Secret love song ft. Jason Derulo 5. Hair 6. Grown 7. 3 love you 8. OMG 9. Lightning 10. A.D.D.D.S 10. A.D.D.D.S 11. Love Me Or Leave Me ~~The END~~ 12. The End.

Bonus Tracks 13. I Wont 14. Secret Love Song ft. II 15. Clued Up 16. The Beginning

24.04.2017

Ich brauche dringend ein Plakat von Little Mix♡♡